Paganismo nórdico

Desvelando los secretos de la magia nórdica, las runas del Futhark antiguo, los hechizos, el Ásatrú, los rituales chamánicos y la adivinación

© Copyright 2024

Todos los derechos reservados. Ninguna parte de este libro puede ser reproducida de ninguna forma sin el permiso escrito del autor. Los revisores pueden citar breves pasajes en las reseñas.

Descargo de responsabilidad: Ninguna parte de esta publicación puede ser reproducida o transmitida de ninguna forma o por ningún medio, mecánico o electrónico, incluyendo fotocopias o grabaciones, o por ningún sistema de almacenamiento y recuperación de información, o transmitida por correo electrónico sin permiso escrito del editor.

Si bien se ha hecho todo lo posible por verificar la información proporcionada en esta publicación, ni el autor ni el editor asumen responsabilidad alguna por los errores, omisiones o interpretaciones contrarias al tema aquí tratado.

Este libro es solo para fines de entretenimiento. Las opiniones expresadas son únicamente las del autor y no deben tomarse como instrucciones u órdenes de expertos. El lector es responsable de sus propias acciones.

La adhesión a todas las leyes y regulaciones aplicables, incluyendo las leyes internacionales, federales, estatales y locales que rigen la concesión de licencias profesionales, las prácticas comerciales, la publicidad y todos los demás aspectos de la realización de negocios en los EE. UU., Canadá, Reino Unido o cualquier otra jurisdicción es responsabilidad exclusiva del comprador o del lector.

Ni el autor ni el editor asumen responsabilidad alguna en nombre del comprador o lector de estos materiales. Cualquier desaire percibido de cualquier individuo u organización es puramente involuntario.

Su regalo gratuito

¡Gracias por descargar este libro! Si desea aprender más acerca de varios temas de espiritualidad, entonces únase a la comunidad de Mari Silva y obtenga el MP3 de meditación guiada para despertar su tercer ojo. Este MP3 de meditación guiada está diseñado para abrir y fortalecer el tercer ojo para que pueda experimentar un estado superior de conciencia.

https://livetolearn.lpages.co/mari-silva-third-eye-meditation-mp3-spanish/

¡O escanee el código QR!

Índice de contenido

INTRODUCCIÓN 1
CAPÍTULO 1: PAGANISMO 101 3
CAPÍTULO 2: RELIGIÓN NÓRDICA: ANTIGUA Y MODERNA 14
CAPÍTULO 3: LA RELIGIÓN ÁSATRÚ 26
CAPÍTULO 4: EL ALMA Y EL MÁS ALLÁ 36
CAPÍTULO 5: FYLGJA: ENCONTRAR A SU GUARDIÁN 44
CAPÍTULO 6: LA MAGIA DE SEIDR 55
CAPÍTULO 7: ÚTISETA: SENTARSE FUERA, BUSCAR DENTRO 65
CAPÍTULO 8: MAGIA RÚNICA Y ADIVINACIÓN 74
CAPÍTULO 9: RUNAS LIGADAS Y SIGILOS 85
CAPÍTULO 10: STADHAGALDR: YOGA RÚNICO 94
GLOSARIO DE TÉRMINOS 104
CONCLUSIÓN 109
VEA MÁS LIBROS ESCRITOS POR MARI SILVA 111
SU REGALO GRATUITO 112
REFERENCIAS 113
FUENTES DE IMÁGENES 119

Introducción

El paganismo nórdico, o *Etenismo*, es un sistema de creencias complejo y fascinante que ha captado la atención de todo el mundo. En su núcleo, el paganismo nórdico es una tradición espiritual que honra a los dioses y diosas del antiguo panteón nórdico, así como a los espíritus de la naturaleza, los antepasados y otras entidades sobrenaturales. Aunque el paganismo nórdico se practica desde hace miles de años, ha experimentado un resurgimiento en los últimos tiempos, gracias en parte a la creciente popularidad del neopaganismo y la Wicca. Muchos practicantes modernos, a veces llamados wiccanos *nórdicos*, se inspiran en las antiguas creencias y prácticas nórdicas para crear una forma vibrante y dinámica de espiritualidad que les es propia.

Uno de los aspectos más distintivos del paganismo nórdico es su énfasis en la interconexión de todas las cosas. Según esta visión del mundo, todo en el universo está conectado y todas las cosas están imbuidas de una chispa divina. Esta creencia se refleja en los numerosos mitos y leyendas del panteón nórdico, que representa a los dioses y diosas como íntimamente implicados en el mundo natural, dando forma e influyendo en las fuerzas de la naturaleza a través de sus acciones y actos. Otra característica esencial del paganismo nórdico es su énfasis en la comunidad y el parentesco. Muchos practicantes modernos del paganismo nórdico, inspirados en la antigua tradición vikinga del thing, o asamblea pública, se reúnen para celebrar festivales, compartir historias y honrar a los dioses y diosas en un entorno comunitario. Este sentido de comunidad y propósito compartido es una poderosa fuente de fuerza e inspiración para muchos practicantes modernos del paganismo nórdico, ayudándoles a conectar con el mundo natural y entre sí de forma profunda y significativa.

Uno de los aspectos más intrigantes del paganismo nórdico es su conexión con el mundo natural. En la antigüedad, el pueblo nórdico vivía en una tierra dura e implacable donde las fuerzas de la naturaleza estaban siempre presentes y a menudo eran peligrosas. Para sobrevivir, desarrollaron una profunda reverencia por el mundo natural, considerándolo a la vez poderoso y sagrado. Esta reverencia por la naturaleza se refleja en muchos aspectos del paganismo nórdico, desde el culto a los espíritus de la naturaleza y a las deidades asociadas con los elementos hasta el uso de materiales naturales en rituales y ceremonias. Los practicantes modernos del paganismo nórdico han continuado esta tradición, encontrando inspiración y guía en los ritmos del mundo natural.

A lo largo de este libro, explorará el rico y diverso mundo del paganismo nórdico, profundizando en su historia, mitología y prácticas. Aprenderá cómo esta antigua tradición espiritual ha evolucionado y se ha adaptado y continúa inspirando e informando al neopaganismo moderno, la Wicca y otros sistemas de creencias relacionados. Tanto si es un experimentado practicante del paganismo nórdico como si simplemente siente curiosidad por esta fascinante tradición espiritual, este libro le ofrece una mirada única y profunda sobre uno de los sistemas de creencias más perdurables y poderosos de la historia de la humanidad.

Capítulo 1: Paganismo 101

Este capítulo le presentará la religión pagana y los términos "paganismo" y "pagano". Además de recibir un análisis en profundidad de los antecedentes históricos antiguos y modernos del paganismo, también aprenderá sobre las diversas religiones paganas que existen y han existido en todo el mundo. Por último, aprenderá
l explorar las principales creencias y prácticas tradicionales del paganismo.

¿Qué es el paganismo?

El paganismo es una de las tradiciones espirituales más antiguas del mundo. Es anterior al cristianismo, aunque se cree que el término "paganismo" fue acuñado por practicantes cristianos que lo utilizaron para etiquetar a todos los que no compartían su sistema de creencias. La palabra "pagano" procede del latín "paganus", que significa "habitante del campo" o "de la tierra". Con el tiempo, el término ha sido reclamado por muchos paganos y ahora se utiliza con orgullo para describirse a sí mismos.

Los paganos adoran la naturaleza y sus criaturas[1]

El paganismo es un término general utilizado para describir diversas tradiciones espirituales basadas en la tierra. Generalmente se refiere a una religión basada en la tierra en la que los practicantes veneran y respetan la naturaleza y sus criaturas. Los paganos creen que la energía universal puede encontrarse en todas las cosas naturales y a menudo buscan en la naturaleza guía e inspiración.

A lo largo de los siglos, el paganismo ha evolucionado y cambiado para reflejar las culturas y creencias de sus practicantes. Hoy en día, existen muchas formas diferentes de paganismo practicadas en todo el mundo. Por ello, es uno de los movimientos religiosos más diversos del mundo. Tampoco es un sistema de creencias centralizado como otras religiones muy extendidas. Los practicantes no siguen una doctrina estricta ni se reúnen regularmente en lugares de culto.

Origen del paganismo

Se cree que el paganismo se originó en la Europa precristiana, posiblemente desarrollado a partir de una necesidad de explicar sucesos comunes en el mundo natural y el lugar de las personas en él. Los historiadores creen que las ideas paganas se desarrollaron probablemente en pequeñas comunidades muy unidas en las que todos se conocían y confiaban los unos en los otros. A medida que estas comunidades crecían, las creencias se fueron organizando hasta convertirse en religiones.

Las creencias paganas probablemente se desarrollaron por primera vez en Europa y Asia, y algunas pueden remontarse a muchas culturas antiguas, como la celta, la griega y la romana. Sin embargo, el paganismo puede encontrarse en casi todas las culturas del mundo. Se practicaba ampliamente en toda Europa, pero con el auge del cristianismo en el siglo IV, empezó a declinar. Sin embargo, se siguió practicando hasta el siglo X en cierta medida. En el siglo XVI, el Renacimiento fue un periodo de intenso interés por la cultura clásica. Durante esta época, el paganismo se incorporó a las artes, la música, la literatura y muchos otros aspectos de la vida.

El paganismo comenzó a resurgir como un movimiento religioso distinto en el siglo XX. En el Reino Unido, la Federación Pagana se fundó en 1971 para apoyar a los paganos de todas las tradiciones. Desde entonces, la tendencia no ha dejado de crecer en todo el mundo.

Muchas de las principales religiones del mundo, como el cristianismo, el islam y el judaísmo, tienen sus raíces en el paganismo. Durante la Edad Media, cuando la cristianización del continente europeo estaba en pleno apogeo, el cristianismo comenzó a sustituir a muchas de las antiguas tradiciones paganas. Sin embargo, la gente siguió practicándolas en secreto, a menudo disfrazándolas de tradiciones cristianas. Los que no lo hacían y los que eran descubiertos eran perseguidos y ejecutados por la Iglesia. A pesar de siglos de persecución, el paganismo ha sobrevivido y ahora está prosperando de nuevo en muchas partes del mundo. En la actualidad, se calcula que hay unos dos millones de paganos en todo el mundo, y el paganismo se ha convertido en una de las religiones de más rápido crecimiento en el mundo.

Historia del paganismo

Paganismo en Europa

Desde la antigüedad, el paganismo en Europa se ha asociado con el culto a la naturaleza, la magia y una profunda reverencia por el mundo natural. Por aquel entonces, la tierra era en su mayor parte bosque, y la gente vivía en pequeñas aldeas o eran tribus que cuidaban de sus granjas o rebaños. Había muchas tribus diferentes, cada una con costumbres y creencias únicas.

Inglaterra tiene una rica historia de paganismo, que se remonta a la Edad de Bronce. Las tribus paganas de Inglaterra adoraban a varios dioses y diosas, entre ellos el dios del sol, el dios de la luna y la diosa de la fertilidad. La deidad pagana más conocida en Inglaterra es la diosa Brigid, la Dama del Lago. Se la asocia con el fuego, la sanación y la poesía. Otra deidad popular es el Dios Astado, asociado con la caza y los animales. El paganismo fue la religión dominante en Inglaterra hasta la llegada del cristianismo en el siglo VII. Poco después, empezó a decaer a medida que la iglesia cristiana se hacía más poderosa. En el siglo XIII, prácticamente había desaparecido de Inglaterra. Sin embargo, experimentó un resurgimiento en los siglos XVIII y XIX cuando la gente empezó a explorar otras religiones.

Al igual que Inglaterra, Irlanda también era un país pagano antes de la llegada del cristianismo en el siglo V. Sin embargo, los paganos practican allí diversas tradiciones ancestrales. Estas tradiciones incluyen la construcción de altares o santuarios temporales, el encendido de hogueras y la ofrenda de regalos a los dioses y diosas. También celebran diversos festivales estacionales, como Beltane y Mabon. El neopaganismo en Irlanda es un movimiento moderno que revive antiguas tradiciones paganas. Lo practica una pequeña minoría, la mayoría de los cuales son miembros de la Federación Pagana de Irlanda.

El paganismo fue también la religión dominante en Islandia antes de su cristianización en el año 1000 d. C. Se cree que el paganismo llegó por primera vez a Islandia alrededor del año 900 d. C., traído por colonos de Escandinavia y las Islas Británicas. El paganismo siguió practicándose en Islandia incluso después de que el cristianismo se convirtiera en la religión dominante. Después, el paganismo perdió popularidad, pero algunos islandeses siguieron practicándolo hasta el siglo XIII. Después de eso, el cristianismo se convirtió en la única religión practicada en Islandia. Los paganos islandeses también creían en muchos otros seres, como elfos, enanos, gigantes y troles. Se pensaba que algunos de estos seres eran útiles, mientras que otros se consideraban peligrosos. Las creencias y prácticas paganas se transmitían oralmente de generación en generación.

Noruega y Suecia son los dos países con las tradiciones paganas más coloridas y duraderas. Aunque Noruega se convirtió al cristianismo hacia finales del siglo X o principios del XI, el país tardó en abandonar sus costumbres paganas. Los paganos suecos, por su parte, no aceptaron el cristianismo hasta mediados o finales del siglo XI, lo que permitió que el paganismo floreciera mucho después del siglo XII.

Paganismo en América

El paganismo estadounidense tiene una historia larga y complicada. Es difícil decir con precisión cuándo o cómo llegó el paganismo por primera vez a las costas de Estados Unidos. Algunos creen que los antiguos pueblos indígenas de América del Norte y del Sur lo practicaron de una forma específica, mientras que otros creen que los primeros paganos de América fueron inmigrantes europeos que trajeron consigo sus propias creencias y prácticas.

Los colonos europeos trajeron a América diversas tradiciones paganas, como el druidismo, el chamanismo celta, la magia nórdica y la wicca. Estas tradiciones se mezclaron y entremezclaron entre sí y con las creencias nativas ya presentes en América, creando una tradición pagana rica y diversa.

El paganismo siguió creciendo en popularidad a lo largo de los siglos XIX y XX. En las décadas de 1960 y 1970, los movimientos feministas y por los derechos civiles despertaron un renovado interés por el paganismo y otras espiritualidades alternativas. A finales del siglo XX, el paganismo comenzó a recuperar popularidad en América. Este resurgimiento se debió en parte a la creciente concienciación sobre los problemas medioambientales y a la popularidad de los libros y películas protagonizados por personajes paganos.

Paganismo en Asia

El paganismo también se practica en muchas partes de Asia. En Japón, la religión autóctona, el sintoísmo, es una forma de paganismo. También hay muchos paganos en China que practican el taoísmo, una religión autóctona china con elementos de paganismo. En la India existen numerosas tradiciones paganas que aún se practican hoy en día. En Corea, el chamanismo sigue siendo practicado por una pequeña minoría de la población.

Paganismo en África

A menudo se asocia con la antigua religión egipcia y, más recientemente, con los sistemas de creencias tradicionales del pueblo san. Sin embargo, no existe una única tradición pagana africana. En su lugar, existe una variedad de costumbres paganas que se siguen en todo el continente.

Los africanos creen que los antepasados mantienen conexiones espirituales con los parientes vivos. Existe una tendencia general a que los espíritus ancestrales sean amables y buenos. Las acciones negativas de los espíritus ancestrales provocan enfermedades leves y advierten a las personas de que están errando el camino.

Los san, también conocidos como bosquimanos, son indígenas del sur de África. Los san siguen una religión pagana basada en el animismo, la creencia de que todo en la naturaleza tiene un espíritu. Los antepasados son considerados espíritus poderosos que pueden ayudar o perjudicar a los vivos.

Paganismo en Australia y Nueva Zelanda

El paganismo también se practica en Australia y Nueva Zelanda. El tipo de paganismo más común en estos países es la Wicca. La religión pagana del pueblo maorí se conoce como religión maorí. Como forma de animismo, sostiene que todo en la naturaleza es espiritual. Enseña que los humanos están conectados con todas las cosas de la naturaleza y que las personas deben respetar y cuidar el mundo natural.

El paganismo en el subcontinente indio

El paganismo también se practicaba en el subcontinente indio, siendo el hinduismo el tipo de paganismo más común. Es la religión más antigua y prominente del subcontinente. Es una religión politeísta, lo que significa que los hindúes creen en muchos dioses y diosas.

El paganismo hoy

Desde el declive del cristianismo en Europa, el paganismo ha crecido mucho en popularidad. A medida que la gente fue adquiriendo libertad para seguir otros sistemas de creencias, aumentó la curiosidad por culturas pasadas y lejanas. Este cambio comenzó con la llegada del Renacimiento, hacia mediados del siglo XV. El primer territorio donde empezaron a despegar los santuarios dedicados a deidades paganas (además de los lugares cristianos) fue en Grecia.

Aproximadamente un siglo después, Gran Bretaña se convirtió en un país protestante, a lo que siguió la persecución de quienes no seguían esta religión. Una vez finalizada la agitación, la gente fue libre de explorar pensamientos no cristianos, incluidos los de la literatura griega y romana que describían cuentos y mitos de deidades y héroes paganos.

El primer sistema de creencias paganas que resurgió en Gran Bretaña fue el druidismo. Pronto le siguieron otras religiones, ya que la gente seguía buscando los principios fundamentales de la vida estudiando otras creencias religiosas de diferentes lugares y épocas. En el norte de Europa, la gente redescubrió el paganismo anglosajón y nórdico.

La wicca, la forma más reciente de paganismo, se desarrolló a finales del siglo XIX, cuando aumentó el interés por la brujería entre los practicantes paganos. La wicca se basa vagamente en antiguas tradiciones paganas, pero incorpora muchos elementos modernos. Después de mediados del siglo XX, otras tradiciones religiosas y espirituales revivieron de forma similar y se incorporaron a las prácticas paganas.

Una de las señas de identidad del paganismo moderno es el énfasis en el feminismo, probablemente el resultado del movimiento feminista de los años sesenta. La veneración de la Gran Diosa única como arquetipo de la fuerza interior y la dignidad de la mujer tiene su origen en esta creencia.

Religiones paganas

Existen muchos tipos diferentes de paganismo. Las formas más comunes incluyen el Ásatrú, el Etenismo, el Druidismo, el Odinismo, el Animismo, el reconstruccionismo celta y la wicca. Es fácil ver que el paganismo representa un crisol de diferentes creencias espirituales y religiosas. Cada uno incorpora su propio conjunto de creencias y tradiciones.

El animismo se basa en la antigua creencia de que todo en la naturaleza está imbuido de espíritu. Esto incluye animales, plantas, rocas e incluso objetos inanimados. El animismo es una de las religiones más antiguas del mundo.

El druidismo celebra el panteón celta de dioses y diosas. En la antigüedad, los druidas eran la clase más elevada de los celtas. Eran los encargados de realizar ceremonias, como hacer ofrendas y celebrar bodas y funerales. El druidismo es una religión basada en la tierra que hace hincapié en la armonía con el mundo natural.

Los practicantes de la wicca rinden culto a las diosas de la naturaleza. Creen en el poder de la magia natural y la utilizan para potenciar sus hechizos y rituales. La wicca es una de las formas más recientes de la religión pagana.

El Odinismo es un tipo de paganismo que gira en torno a la adoración de los dioses nórdicos, como Odín y Thor. Los odinistas creen en el poder de la magia y las runas. También dan gran importancia al valor, el honor y la lealtad.

Ásatrú es una forma de paganismo que venera a las deidades nórdicas. Es similar al Odinismo, excepto que enfatiza la ética y la moralidad en lugar de la magia.

Los reconstruccionistas celtas pretenden revivir la antigua cultura y religión celtas. Creen en seguir los caminos tradicionales de sus antepasados. Consideran vital preservar la antigua lengua y cultura celtas.

El paganismo se basa en el culto a deidades con raíces paganas germánicas, como Odín y Thor. Sus seguidores creen en la magia y en el poder de las runas. Sus valores más destacados son el valor, el honor y la lealtad.

El núcleo de las creencias del paganismo

El paganismo es una religión politeísta cuyos seguidores creen en múltiples dioses y diosas. Cada dios o diosa representa un aspecto diferente del mundo natural o de la experiencia humana. Por ejemplo, puede haber un dios del sol, un dios del amor o una diosa de la sabiduría. Cada aspecto de la experiencia humana se atribuía a uno o varios de estos dioses y diosas.

Lo divino como concepto también existe en varias formas en el paganismo. A algunas deidades se les atribuían energías femeninas, mientras que otras tenían energía masculina. Muchas deidades paganas masculinas tienen homólogas femeninas para mantener el equilibrio natural. Algunos paganos también veneran a divinidades que encarnan energías tanto femeninas como masculinas. El equilibrio entre lo femenino y lo masculino simboliza la fertilidad y la procreación. Los paganos equiparan esto al renacimiento de la Tierra al comienzo de cada año del calendario pagano.

También creen en la magia y en el poder de la naturaleza. Veían la vida como un ciclo continuo con nacimiento, muerte y renacimiento, de forma similar a como veían los cambios cíclicos de la naturaleza. Los paganos buscaban y siguen buscando vivir en paz con la naturaleza y se esfuerzan por mantener una conexión con ella y respetarla en la medida de lo posible.

Los paganos no siguen ningún principio universal. Aspiran a vivir en paz consigo mismos y con los que les rodean. Tratan de evitar hacer daño a los demás porque creen que cualquier daño que causen puede volverse contra ellos.

Núcleo de prácticas y rituales paganos

Los rituales y las celebraciones paganas se basan a menudo en el cambio de las estaciones y los ciclos de la naturaleza. También pueden implicar honrar a deidades o celebrar ocasiones trascendentales como el nacimiento, el matrimonio, la muerte y la transición a la edad adulta. Aunque el método de celebración depende de las tradiciones y de las preferencias personales, los paganos suelen celebrar tanto mental como físicamente. Los ritos y festividades sagrados suelen ir acompañados de bailes, cantos y tambores. Los ritos y ceremonias pueden incluir oraciones y ofrendas, que pueden ser en forma de objetos, comidas y bebidas. Se cree que ofrecer estos objetos a los antepasados o a las deidades los apacigua y establece una conexión con ellos.

Los paganos también utilizan la representación de la naturaleza en sus prácticas. El aire, la tierra, el agua y el fuego se utilizaban a menudo en los rituales, la consagración de objetos o su limpieza. Por ejemplo, tomar un baño purificador en agua salada es una forma típica pagana de prepararse para rituales y ceremonias.

En la antigüedad, los paganos solían practicar en comunidades de diversos tamaños. Sin embargo, el número de practicantes solitarios ha aumentado significativamente desde el renacimiento del paganismo. Los paganos prefieren rendir culto al aire libre o en la santidad de sus hogares, siempre que sepan que no serán molestados. La razón principal de esto radica en la forma en que la mayoría de los paganos comienzan su trabajo. Una práctica pagana típica comienza centrándose en la propia mente, lo que requiere conectarse a tierra. Una buena forma de conseguirlo es a través de la meditación, que conecta al practicante con la energía de la naturaleza y le permite mantener el equilibrio físico y emocional.

Construir un santuario o un altar es también una práctica pagana común. Esto representa un espacio sagrado donde los paganos pueden dirigirse a sus deidades y guías espirituales o mejorar su práctica espiritual. Los paganos suelen erigir santuarios y altares en sus casas, normalmente en el dormitorio o en otras zonas apartadas. Los que viven en entornos rurales y solos pueden crear altares al aire libre. Los paganos decoran sus altares con la representación de la naturaleza, sus deidades, antepasados queridos, objetos de poder personal y herramientas mágicas. Pueden dedicar el altar a causas o entidades particulares, utilizándolo para dejar ofrendas, meditar, realizar rituales de limpieza o sanación, y mucho más.

No está claro si los antiguos paganos realizaban otras prácticas además de las dirigidas a deidades, guías y asuntos de su vida. Sin embargo, los paganos modernos suelen realizar rituales diarios como parte de su práctica espiritual. Hoy en día, el paganismo se considera una práctica muy personal. Uno puede optar por hacer una simple meditación de 10 minutos todos los días, mientras que otros sólo celebran fechas sagradas asociadas a cambios estacionales o deidades.

Las prácticas del paganismo ponen un gran énfasis en la intención verbal. Muchos practicantes creen que verbalizar sus deseos es el primer paso para manifestarlos. Por ello, los paganos eligen cuidadosamente sus palabras durante su práctica para asegurarse de alcanzar sus objetivos vitales.

La adivinación es otra práctica pagana muy extendida. Las diferentes formas de paganismo se basan en diversos métodos y enfoques de adivinación, desde preguntar qué nos depara el día hasta indagar sobre un resultado futuro específico. Las herramientas utilizadas en la adivinación incluyen las runas, las cartas del Tarot, los péndulos, los animales, las plantas y otros elementos de la naturaleza. Los sueños también pueden ser instrumentos de adivinación.

Algunos paganos llevan símbolos sagrados, que les sirven como amuletos y talismanes. Uno de los símbolos paganos más conocidos es el pentáculo. Se considera un poderoso símbolo de protección, especialmente para quienes practican la magia. Para los paganos, la magia es una práctica espiritual que manifiesta cambios, muy parecida a la oración en otras religiones. La única diferencia es que la magia tiene un componente físico unido a una intención clara. Esta conjunción permite al practicante potenciar su energía para apoyar esa intención. Los paganos pueden optar por potenciarse a través de la concentración feroz, los cánticos o los métodos de respiración. Todos estos ejercicios tienen el mismo objetivo: liberar la energía personal en aquello que sirva a la intención del practicante. Algunos practicantes utilizan objetos (como una vela o un amuleto) para aprovechar la energía liberada.

Paganismo anglosajón y paganismo nórdico

El paganismo anglosajón y el nórdico son las dos ramas más extendidas del antiguo paganismo germánico. Ambas proceden de las mismas raíces paganas protogermánicas y presentan algunas similitudes. Por ejemplo, tanto los antiguos paganos anglosajones como los nórdicos adoraban a las mismas deidades y tenían puntos de vista similares sobre el culto ancestral y la reverencia a la naturaleza. Sin embargo, eran dos religiones distintas. Su evolución diversificada comenzó poco después de que las tribus paganas germánicas emigraran y se asentaran en distintas partes de Europa. En cuanto las tribus anglosajonas invadieron el territorio de Gran Bretaña, empezaron a desarrollar tradiciones locales. Los nombres y funciones de sus deidades pueden haber cambiado, y otros dioses y diosas se añadieron a su panteón. Su lenguaje escrito (el alfabeto rúnico) se modificó y se añadieron pentagramas adicionales. Los paganos nórdicos, por su parte, se asentaron en Escandinavia y mantuvieron la mayoría de sus tradiciones germánicas originales. Esto incluía los nombres y funciones de sus dioses y diosas, los lugares y métodos de culto y el conjunto original de pentagramas rúnicos. La evolución del paganismo anglosajón se truncó hacia el siglo VII, cuando las tribus fueron convertidas por la fuerza al cristianismo. El paganismo nórdico siguió evolucionando hasta el siglo XII porque los paganos de Escandinavia y Europa central se convirtieron al cristianismo mucho más tarde. Tras su conversión, los antiguos paganos anglosajones adoptaron muchas tradiciones cristianas, mientras que los paganos nórdicos mantuvieron algunas de sus tradiciones básicas. Debido a todas estas diferencias, el sistema de creencias paganas nórdico se ha conservado mucho mejor a lo largo de la historia que su homólogo anglosajón.

Capítulo 2: Religión nórdica: Antigua y moderna

El paganismo nórdico se basa en gran medida en la antigua tradición nórdica, vinculando estrechamente religión y mitología. Este capítulo le introducirá en la religión nórdica en dos partes. En primer lugar, explorará los antiguos mitos y creencias nórdicos, y después le mostrará cómo ha evolucionado la religión nórdica en los tiempos modernos.

La antigua religión nórdica

Las pruebas más antiguas de la religión nórdica proceden de la Edad de Hierro. Las pruebas arqueológicas de motivos de culto al sol, como las cruces solares de la Escandinavia de la Edad de Hierro, indican que en aquella época existía una religión basada en la naturaleza. La religión nórdica se desarrolló a partir de una religión germánica de la Edad de Hierro mucho más antigua. Las pruebas de los primeros tiempos de la religión nórdica son escasas. Sin embargo, después de que las tribus escandinavas abandonaran sus territorios de origen y se asentaran en otras partes del noroeste de Europa, difundieron su sistema de creencias. Por ejemplo, cuando las tribus nórdicas llegaron a Noruega, trajeron a su dios Thor, la deidad más popular entre el común de los nórdicos.

Hasta la llegada del cristianismo, el paganismo nórdico florecía en Europa. Las tribus británicas fueron las primeras en convertirse a la nueva religión. Y cuando el cristianismo llegó a Escandinavia, ya era una religión prominente en Europa. Sin embargo, los paganos escandinavos tardaron mucho más en convertirse. Aunque la conversión reportó muchos beneficios a los reyes europeos, los plebeyos querían permanecer fieles a sus antiguas tradiciones y creencias. Una de las razones de la resistencia fue la naturaleza politeísta de la religión nórdica. Cuando la conversión masiva se convirtió en la norma, muchos seguidores de la religión nórdica simplemente absorbieron al dios cristiano como una deidad más dentro de su fe. El cristianismo inspiró inadvertidamente nuevas formas de expresión pagana al influir en diversos mitos.

En el siglo XII, el cristianismo se había extendido por todos los rincones del noroeste de Europa, casi erradicando todas las demás religiones de estas zonas, incluido el paganismo nórdico. Sin embargo, las historias de las poderosas deidades nórdicas siguieron transmitiéndose oralmente durante al menos dos siglos. Aunque no está claro cómo se produjo la transmisión, algunos creen que los dioses nórdicos fueron adorados en secreto por fieles devotos que dudaban en abandonar su pasado pagano. Como resultado, la mitología nórdica siguió siendo popular durante cientos de años después de que la creencia en sus deidades se hubiera desvanecido. A pesar de la prevalencia del cristianismo en Escandinavia durante este periodo, los rituales paganos se observaron durante siglos después. Hoy en día, la mitología nórdica sigue siendo importante para muchas personas y es una fuente de inspiración en el arte, la literatura y la música.

El sistema de creencias nórdico

La antigua religión nórdica era politeísta y se concentraba en la veneración de un panteón de dioses, diosas y otros seres sobrenaturales.

Deidades nórdicas

Los antiguos nórdicos estaban divididos en dos tribus: los æsir y los vanir. Los æsir eran la primera tribu de dioses, vivían en los cielos y se les atribuían poderes celestiales. Vivían en Asgard y gobernaban la guerra, la sabiduría, el valor y el deber. Eran venerados por guerreros y líderes. Los æsir eran protectores que vigilaban los demás reinos y establecían la ley y el orden en todos los reinos. Los vanir, por su parte, eran dioses y diosas menores asociados con el mundo natural. Viviendo en Vanaheim, los Vanir eran deidades de la fertilidad, la cosecha, el mar, las estaciones y el amor. Sus seguidores eran campesinos que dependían más de los ciclos de la naturaleza.

Los dioses æsir

Odin

Odín, dios de la magia y la sabiduría[2]

Odín era el más poderoso y temido de los dioses nórdicos. No sólo era respetado por los mortales, sino también por los dioses. Era el dios de la sabiduría, la magia, la guerra y la poesía. Sin embargo, a pesar de ser un símbolo de la justicia, también era conocido por disfrazarse y provocar problemas entre los mortales, lo que a menudo desembocaba en guerras. Según la tradición, lo hacía para recoger las almas de los guerreros en el Valhalla y formar un ejército para la próxima batalla del Ragnarök.

Odín también era considerado un dios del chamanismo y tenía una influencia significativa sobre los chamanes. Según las leyendas nórdicas antiguas, podía viajar a otros reinos mientras parecía dormido o muerto. Odín tenía dos cuervos que le traían noticias de todos los reinos y dos lobos que le servían de leales y feroces compañeros.

Odín ha sido asociado a menudo con la poesía en los mitos nórdicos y se sabe que hablaba con elocuencia y utilizaba poemas en su discurso. La poesía, o en otras palabras, el conocimiento, era un don que llevaba consigo y que sólo entregaba a aquellos que consideraba dignos. Odín robó el hidromiel de la poesía a los gigantes y se lo dio a los dioses y diosas de su elección, junto con unos pocos seguidores mortales.

Odín está asociado con la muerte. Como ávido buscador del conocimiento, era conocido por su capacidad para comunicarse con los muertos. Algunas fuentes sugieren que incluso resucitaba las almas de los muertos para buscar su conocimiento y sabiduría.

Frigg

Como la más poderosa de las diosas æsir y esposa de Odín, Frigg es la reina de Asgard. Para los pueblos germánicos, Frigg era un símbolo de la maternidad, aunque sus funciones se redujeron en la mitología nórdica. También es la diosa patrona del matrimonio, y el día viernes deriva de su nombre. Por ello, los paganos nórdicos creían que el viernes era el mejor día para casarse. Aunque algunas fuentes describen a Frigg como infiel o astuta, en la Edda Poética se la muestra como una madre y esposa cariñosa. Lloró cuando mataron a su hijo Balder. Siempre se la mencionó como la igual de Odín y una digna pareja para él en cuanto a sabiduría e intelecto.

Thor

Como protector y guardián de los guerreros, Thor era una de las figuras más destacadas del panteón de los æsir. Creía en el orden y era el dios al que recurría la gente cuando deseaba estabilidad social y justicia. Thor era el dios del trueno y del cielo y, en algunas versiones de los mitos nórdicos, de la agricultura. Fue engendrado por Jörð, la encarnación de la Tierra y una de las amantes de Odín.

Thor era el defensor de Asgard y Midgard, un poderoso guerrero y una figura masculina cuya leyenda continuó a lo largo de los años y pasó de generación en generación. Existen varios mitos en los que aparece matando gigantes para defender ambos mundos. Aunque su imperioso sentido del deber le ponía a menudo en peligro, nunca cejó en su empeño de proteger a los débiles y a quienes necesitaban su ayuda. Su fiel compañero - su martillo Mjölnir- era su arma más poderosa, pero también lo utilizaba para otros fines. Por ejemplo, lo utilizaba para bendecir bodas, actos sociales y tierras donde los campesinos plantaban sus cultivos o construían sus viviendas.

Según la tradición, Thor viaja por Asgard y Midgard en un carro tirado por dos cabras. También se le asocia con la lluvia y las mareas y se le pedía que bendijera las cosechas y ayudara a la gente a encontrar sustento. Se dice que es recto, pero a menudo sólo sigue su propia brújula moral. Se profetizó que Thor moriría en el Ragnarök, pero lo haría derribando primero a la serpiente del mundo, Jörmundgander.

Loki

Loki es un dios embaucador de la mitología nórdica, famoso por sus travesuras y delitos. Su posición en el panteón de los æsir no está del todo clara. Aunque la mayoría de las fuentes afirman que su padre es Jotun Farbauti y su madre la gigante Laufey, otras fuentes discrepan. A menudo se representa a Loki como compañero de Thor y Odín, pero lo más probable es que los utilizara para su propio beneficio. A menudo egoísta y sin tener en cuenta las consecuencias de sus actos, Loki suele ser descrito como una deidad que hace lo que quiere.

A pesar de ello, Loki también utilizó su ingenio y astucia en varias ocasiones para ayudar a sus dioses compañeros a escapar de los problemas. También era conocido por hacer las cosas bien y arreglar lo que estropeaba, aunque a veces lo hacía bajo coacción. Debido a su intelecto, los æsir recurren a menudo a Loki para que les ayude a resolver problemas, incluso cuando no es culpa suya.

Loki es un cambiaformas que puede cambiar de forma y de sexo, como demuestra el hecho de que haya sido madre de algunos de sus hijos y padre de otros. Sus vástagos desempeñan un papel fundamental en el Ragnarök, ya que dos de ellos matarían a los guerreros más poderosos de los æsir, Odín y Thor. Se predice que Loki y Heimdal lucharán durante el Ragnarök, y que ambos se matarán mutuamente. Quizás la historia más notoria de las travesuras de Loki en los mitos nórdicos es cómo hizo matar a Balder mediante engaños - y más tarde, continuó con su plan e impidió el regreso del alma de Balder desde Hel.

Balder

El dios æsir de la sabiduría inefable, Balder, también era conocido por sus rasgos llamativos. Resolvía las disputas entre dioses y mortales enemistados, y lo hacía utilizando únicamente su encanto e ingenio. Como hijo de Odín, Balder tuvo muchos hermanos y hermanastros, entre ellos Thor. Se casó con la diosa Nanna, y su hijo Forseti heredó la sabiduría y el aprecio por la justicia de su padre. Resolvía los conflictos con la misma calma y era conocido por ser un símbolo de paz y justicia.

Heimdal

Como guardián del reino de los æsir de Asgard, Heimdal vivía en Himinbjörg. Siempre vigilante y atento, Heimdal fue bendecido con un oído tan poderoso que podía escuchar el crecimiento de la hierba y la lana de las ovejas. También podía ver a cientos de kilómetros, de día y de noche.

Heimdal era uno de los hijos de Odín y es otra figura muy apreciada por los paganos nórdicos y otros pueblos germánicos. Algunas fuentes afirman que es el padre de la humanidad, posiblemente porque enseñó a los mortales muchas cosas, como la noción de clases sociales. Cuando no estaba montando guardia, Heimdal vagaba disfrazado por Midgard, aconsejando a la gente, especialmente a las parejas. Algunas fuentes sugieren que Heimdal nació de nueve doncellas, que también eran hermanas. Blandía una enorme espada y, según algunos relatos, tenía el don de la previsión y podía ver el futuro.

Tyr

Tyr es uno de los dioses más antiguos de la tradición germánica, asociado con la guerra, la paz, los tratados y la justicia. A diferencia de Odín, que sólo incitaba a las guerras, Tyr estaba ligado a todos los aspectos de la batalla, incluido su final. Su nombre se asocia con el día "martes", que conecta con los dos nombres, Tyr y Marte, este último derivado de la adopción de Tyr por los romanos como su dios Marte.

Tyr era responsable de mantener el orden y la ley, así como de difundir la justicia. También era valiente. Esto se demostró en el cuento de la atadura de Fenrir, en el que Tyr sacrificó su brazo para asegurarse de que la bestia gigante estuviera atada y no pudiera hacer daño a nadie. Su sacrificio se compara a menudo con el de Odín, que sacrificó su ojo para obtener el conocimiento.

Los dioses Vanir

Freyja

Engendrada por Njörðr, Freyja nació en la tribu vanir de Vanaheim hasta que fue secuestrada y llevada a Asgard tras la guerra, donde vivió entre los æsir. Estuvo casada con su hermano Freyr. Freyja se asocia a menudo con el amor, la lujuria, la fertilidad y la belleza. Se dice que su belleza no tenía parangón y que todos los que la veían la codiciaban. Era aficionada a sus atributos y le gustaba entregarse al placer y la pasión.

Freyja era también una hábil practicante de magia y estaba muy asociada con el chamanismo y el Seidr. Por ello, se la consideraba una vidente entre los dioses. Tenía muchos poderes chamánicos y mágicos, como transformarse en halcón. Según algunos relatos nórdicos, estaba asociada con la guerra y la batalla. Ella reclamó la mitad de las almas de los guerreros caídos en la batalla por su reino Fólkvangr.

Freyr

Freyr, el hermano de Freyja, era otro dios de la fertilidad en la mitología nórdica, y se le ha relacionado con el sol y la abundancia. Freyr era uno de los dioses más prominentes entre la tribu Vanir y se le adoraba más que a su hermana o a su padre. Después de que él y su hermana se separaran de los Vanir, se cree que Freyr se casó con la diosa Jotun Gerðr. Freyr era también un valiente guerrero al que no le faltaba experiencia en el campo de batalla. Se profetizó que lucharía contra el gigante de fuego Surtr en el Ragnarök y moriría.

A menudo se rezaba a Freyr como dios de la fertilidad para obtener una buena cosecha. Podía controlar la lluvia y el sol, y los mortales le pedían su bendición para prosperar. Freyr estaba vinculado a la masculinidad y se le invocaba en bodas y celebraciones sociales para que trajera la felicidad. También era querido por los dioses porque les bendecía con abundancia durante las cosechas, riqueza y fertilidad.

Njörðr

Njörðr era el padre de Freyja y Freyr y el dios vanir de la caza, la pesca, la navegación y el viento. Como muchos dioses vanir, también se le asociaba con la fertilidad y la riqueza. Tras la guerra, fue enviado a Asgard junto con Freyja y Freya, lo que le convirtió en miembro honorario de los æsir.

Mitología y cosmología nórdicas

La mitología nórdica comienza con el mito de la creación y termina con el Ragnarök, el fin del mundo y la muerte de la mayoría de los dioses y mortales. Según las creencias nórdicas, la creación del mundo comenzó con Ginnungagap, una brecha gigante que existía incluso antes de que se formaran el mar, la tierra o el cielo.

Estaba situado entre el reino del hielo, Niflheim, y el reino del fuego, Muspelheim. Este último estaba lleno de lava fundida y humo, y cuando los fuegos saltaban de él, chocaban con el hielo que crecía de Niflheim. Como resultado, en Ginnungagap, el fuego derritió el hielo, y de las gotas de hielo derretido surgió Ymir, el primer gigante. Las gotas derretidas también crearon a Auðhumla (Auðumbla), la vaca primigenia cuya leche alimentó a Ymir. Cuando Ymir dormía, nacían gigantes de sus brazos y piernas. Auðumbla sobrevivió lamiendo rocas de limo salado para alimentarse, y así fue como se creó el primer dios æsir, Buri. Su hijo Bor se casó con Bestla, la hija del gigante Bolthorn, y de su unión nacieron Odín, Vili y Ve.

Los tres hermanos siguieron dando forma al mundo. Odín, Vili y Ve mataron a Ymir y llevaron su cuerpo a Ginnungagap. Allí, utilizaron su sangre para inundar el abismo, formando los océanos. Utilizaron su piel y sus músculos para hacer la tierra, mientras que su pelo lo usaron para crear la vegetación. Utilizaron los huesos de Ymir para dar forma a las rocas y piedras y su cerebro para formar las nubes, después de colocar su cráneo sobre la Tierra para formar con él el cielo. Los hermanos utilizaron entonces las brasas de Muspelheim para hacer la luz y las estrellas. Odín, Vili y Ve crearon al primer hombre y a la primera mujer a partir de troncos de árbol. Los llamaron Ask y Embla.

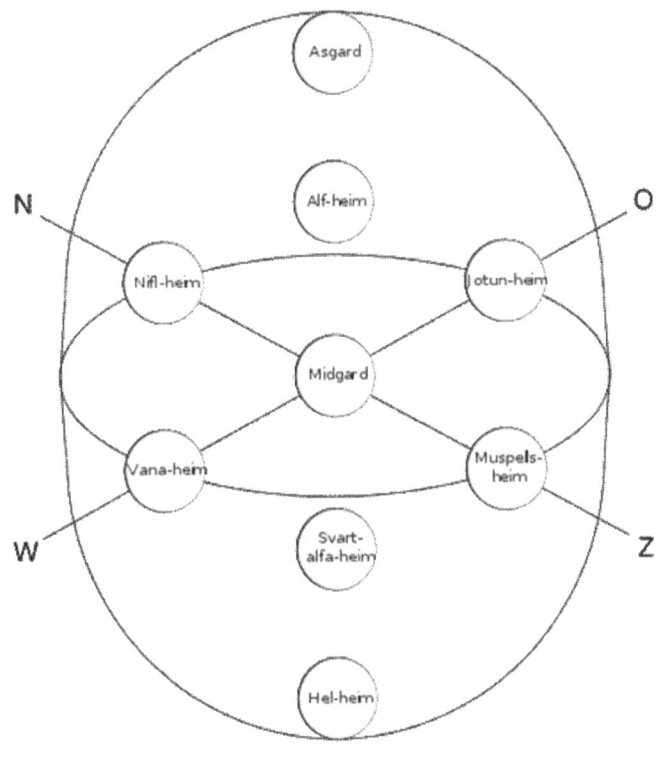

Los nueve reinos[3]

En la mitología nórdica, el universo consta de nueve reinos conectados por el Árbol del Mundo Yggdrasil. Los nueve reinos son:

- **Asgard:** El hogar de los dioses y diosas æsir.
- **Vanaheim:** El mundo donde vivían los dioses y diosas Vanir.
- **Midgard:** El mundo de los mortales.
- **Muspelheim:** El mundo primordial del fuego.
- **Niflheim:** El mundo primordial del hielo.
- **Jotunheim:** El mundo de los gigantes de escarcha.
- **Nidavellir o Svartalfheim:** El hogar de los enanos.
- **Alfheim:** El mundo de los elfos de la luz.
- **Hel o Helheim:** El inframundo.

Los valores fundamentales de la religión nórdica

Animismo

Los paganos nórdicos no buscaban las energías divinas en el cielo, sino en la vida cotidiana y en todo lo que les rodeaba. Según el mito, las deidades no siempre moraban en un reino lejano. En su lugar, tomaban la forma de animales y otros aspectos de la naturaleza. Los espíritus y la magia se encontraban incluso en objetos inanimados, como las rocas.

La importancia de los antepasados

Los paganos nórdicos veneraban profundamente a sus antepasados y se enorgullecían de mantenerse en contacto con ellos. Los antepasados formaban parte de la familia y una fuerte conexión con ellos podía proporcionar muchos beneficios. Se cree que aquellos que desprecian su herencia y a sus antepasados están destinados a experimentar muchas desgracias.

Hospitalidad, trabajo duro e integridad

Los antiguos nórdicos se preocupaban mucho por los valores sociales, la integridad y el orden. Consideraban tan necesario ser amables anfitriones como trabajar duro para lograr sus objetivos. Creían que uno sólo podía salvar su integridad si se mantenía productivo y procuraba vivir en paz en su comunidad.

Destino

La poderosa creencia en el destino era un pilar de las tradiciones del paganismo nórdico, ya que se creía que nadie podía escapar de él, ni siquiera los dioses.

Sin embargo, a pesar de que los acontecimientos estaban predestinados, los nórdicos también creían en el control de sus acciones. No dejaban que su creencia en el poder del destino les arrebatara el libre albedrío. Los guerreros a menudo elegían abrazar la muerte con honor porque creían que era una medida de su carácter y honor.

Prácticas espirituales

La mayoría de las prácticas paganas nórdicas giran en torno al culto a los antepasados y la reverencia a las deidades. A ambos grupos se les ofrecen sacrificios y oraciones con la esperanza de recibir bendiciones. La creación de túmulos funerarios para los muertos era una práctica aceptada por los paganos nórdicos, en la que el tamaño y la forma del túmulo determinaban el estatus del difunto.

El blót es un tipo de sacrificio que a menudo formaba parte de las prácticas espirituales privadas o públicas de los paganos nórdicos. Consistía en matar animales (y, según algunas fuentes, humanos) y ofrecer su sangre y órganos a las deidades o antepasados.

Las prácticas espirituales del paganismo nórdico a veces también implicaban el uso de la adivinación y la magia. La adivinación rúnica procede de la antigua cultura germánica y fue muy utilizada entre los paganos nórdicos en la antigüedad e incluso hoy en día. La práctica mágica más destacada es el Seidr, una forma única de chamanismo practicada inicialmente por Freyja y Odín.

La importancia de la vida después de la muerte

Los nórdicos creían en la vida después de la muerte. Suponían que, tras abandonar el cuerpo, las almas de los difuntos viajaban al otro mundo. Los espíritus iban a parar a uno de los cinco reinos espirituales que los nórdicos creían que existían.

El renacimiento moderno

Hoy en día, la gente sigue practicando el paganismo nórdico para conectar con sus antepasados y honrar los ciclos de la vida, la muerte y el renacimiento. Al honrar y conectar con sus antepasados a través de rituales, enseñanzas y reuniones comunitarias, los seguidores del paganismo nórdico moderno pueden obtener una comprensión y un aprecio más profundos de la vida. Ya sea participando en ceremonias nórdicas tradicionales o simplemente dedicando un tiempo cada día a conectar con la naturaleza, comprenden mejor cómo honrar el pasado.

Etenismo

También conocido como etenería, el paganismo se centra en el panteón de los paganos germánicos. Sus creencias y prácticas incluyen el animismo y honrar a las divinidades de los antepasados en blót, además de servir comida y bebidas alcohólicas. Guiados por el deseo de adquirir sabiduría y guía de las divinidades nórdicas. Algunos seguidores emprenden el camino del Seidr. Algunos son practicantes solitarios, mientras que otros se reúnen en pequeños grupos para realizar rituales y ceremonias paganas al aire libre o en lugares sagrados de culto. Sus valores primordiales son la integridad personal, la lealtad y el honor. Las creencias sobre el más allá rara vez forman parte del quehacer de un pagano.

Vanatru

Como indica su nombre (traducido como *"fiel a los Vanir"*), el Vanatru está dedicado a la tribu Vanir de las deidades nórdicas. La creencia de sus practicantes se centra en la fertilidad, la adivinación y la magia. Tratan a los dioses y diosas de la tribu Vanir como mortales en lugar de seres divinos. Las honran y respetan y esperan honor y respeto a cambio. Con los Vanatru, hay diferentes formas de invocar a ciertos dioses y diosas en los rituales, y se les hacen ofrendas.

Rökkatru

Los seguidores de Rökkatru no ven los malos acontecimientos como consecuencias de fuerzas malignas, ni siquiera la muerte. Para ellos, el caos, la muerte y las partes destructivas aleatorias de la naturaleza son necesarias para mantener el equilibrio del universo. Tampoco creen en la división de las deidades en "buenas" y "malas". Todos los dioses y diosas son dignos de honor y deben celebrarse por igual.

Ásatrú

Es la rama más extendida del paganismo nórdico moderno. El término Ásatrú puede traducirse como *'fiel a los dioses æsir'*, lo que indica que las creencias que siguen se centran en las deidades æsir. Adoran a deidades como Odín, Thor y Balder. A diferencia de la antigüedad, cuando los sacrificios de animales eran ofrendas habituales, hoy en día los devotos suelen beber hidromiel u otras bebidas como homenaje a los dioses o compartir una comida con ellos. Los practicantes del Ásatrú abrazan la naturaleza y valoran la vida, y se encuentran en un viaje constante en busca de la armonía.

Capítulo 3: La religión Ásatrú

Ásatrú se pronuncia "Ása-Trú", que significa *"ser fiel a los Aesir"*. Deriva de la antigua palabra nórdica *"oss"*, que es el singular de Aesir, y de la palabra *"tru"*, que se traduce como fe. Aunque las antiguas creencias nórdicas influyeron en la religión, el término "Ásatrú" se considera moderno y no empezó a utilizarse hasta el siglo XIX.

El Ásatrú es una creencia neopagana que reconstruye y revisa la antigua religión nórdica. Es una creencia politeísta que implica el culto a más de una deidad, y sus seguidores se denominan paganos o Ásatrúar (en singular y plural). Sin embargo, prefieren no utilizar el término "neopaganos", ya que su religión comparte muchas similitudes con el "Viejo Camino" nórdico. Muchas creencias neopaganas se basan en tradiciones nuevas y antiguas, a diferencia de Ásatrú, que se centra únicamente en tradiciones antiguas inspiradas en registros antiguos que han sobrevivido.

Aunque existen muchas deidades en el panteón Ásatrú, se centra principalmente en Odín, Thor, Loki, Heimdal, Balder, Frig, Freyja, Tyr y Freyr. La religión también implica la adoración de gigantes y antepasados, los espíritus de individuos honorables y valientes que tuvieron un impacto en el pueblo y la sociedad mientras vivían.

Este capítulo se sumergirá en el mundo de la religión Ásatrú y abarcará su historia, creencias, prácticas, símbolos y festivales estacionales.

La historia del Ásatrú

Antes de que el cristianismo llegara a Europa, la mayor parte del continente seguía diferentes religiones paganas. Islandia conoció el Ásatrú después de que muchos de los practicantes de esta religión se trasladaran al país en la década de 900. Se extendió rápidamente y se convirtió en una de las principales religiones del país. Sin embargo, las cosas cambiaron en el año 1000 después de que el cristianismo erradicara todas las creencias paganas, incluido el Ásatrú, y se convirtiera en la religión oficial del país. Aún quedaban personas que se aferraban a sus antiguas creencias y que practicaban el Ásatrú en secreto.

Sveinbjörn Beinteinsson, sumo sacerdote Ásatrú'

La religión pagana se desvaneció en la oscuridad hasta 1973, cuando Sveinbjörn Beinteinsson, un granjero que más tarde se convertiría en sumo sacerdote de Ásatrú, decidió recuperarla. Un día de 1972, Beinteinsson se reunió con tres de sus amigos Þorsteinn Guðjónsson, Dagur Þorleifsson y Jörmundur Ingi Hansen, que más tarde se convertirían en figuras influyentes del Ásatrú, en un café de Reikiavik, la capital de Islandia. Tras una interesante conversación, los cuatro hombres acordaron revivir la antigua creencia pagana. El ambiente cultural de la Islandia de la época, el movimiento nacionalista y el interés por las creencias espirituales les hicieron darse cuenta de que el pueblo islandés estaba preparado para reencontrarse con la religión de sus antepasados.

Sveinbjörn Beinteinsson sentía que el Ásatrú estaba específicamente conectado con Islandia, ya que estaba influenciado por las fuerzas ocultas de la tierra. También creía que la gente quería una religión que reflejara su identidad y lo más probable es que se unieran en torno a una creencia antigua más que a religiones importadas como el cristianismo. La gente también empezaba a notar el impacto negativo del movimiento industrial y su lado feo y quería volver a la naturaleza. Beinteinsson descubrió que estos elementos también creaban la oportunidad perfecta para traer de vuelta el Ásatrú.

Sveinbjörn Beinteinsson y Þorsteinn Guðjónsson emprendieron su viaje para resucitarla y difundir sus creencias. Querían conseguir el reconocimiento del Ásatrú como una de las religiones oficiales del país. En diciembre de 1972, se reunieron con Ólafur Jóhannesson, ministro de asuntos eclesiásticos y justicia del país. Cuando los hombres le presentaron su idea, el ministro pensó que estaban gastando una broma o bromeando y no les tomó en serio. Sin embargo, le explicaron que iban en serio y que querían dar este paso inmediatamente, por lo que el ministro les pidió que le llevaran toda la documentación necesaria.

Curiosamente, después de que los hombres abandonaran el despacho del ministro, una tormenta eléctrica azotó Reikiavik, provocando que se fuera la luz en varias zonas de la ciudad. La prensa de la época bromeó diciendo que Thor estaba expresando su enfado, ya que no estaba satisfecho con la reacción del ministro ante Beinteinsson y Guðjónsson.

Cuando el Ásatrú comenzó a ganar reconocimiento entre la población de Islandia, se enfrentó a la oposición de varios líderes cristianos y, más concretamente, de Sigurbjörn Einarsson, el obispo de Islandia. Expresó su desaprobación en un periódico islandés y explicó que, aunque su constitución permitía a la gente crear instituciones religiosas, éstas debían ser monoteístas y servir sólo a un Dios. También les atacó por no tener una casa de culto, lo que es poco ortodoxo para cualquier creencia religiosa, y criticó sus vagas enseñanzas.

El obispo quería alejar aún más a la gente de Ásatrú, así que relacionó sus principales creencias con las de la Alemania nazi y les acusó de tener las mismas ideologías. También puso en duda el trasfondo moral de Ásatrú. Añadió que, dado que sólo contaba con veintiún seguidores, no necesitaba ser reconocida como organización religiosa. La prensa se hizo eco de los sentimientos del sacerdote y declaró que el cristianismo era la única religión islandesa y que no necesitaban otra fe.

Los miembros del Ásatrú defendieron su religión contra estos ataques y lucharon aún más para que fuera reconocida. Sus esfuerzos no fueron en vano y, en 1973, el gobierno finalmente la aceptó como religión oficial islandesa. Esto les dio derecho a celebrar diversas ceremonias, incluidos los matrimonios. Después de que Islandia, Dinamarca y Noruega reconocieran el Ásatrú como religión oficial, llegó al Reino Unido y a Estados Unidos.

Se extendió por todo el país hasta convertirse en la religión más común y de más rápido crecimiento de Islandia. Sin embargo, sus sacerdotes no sentían la necesidad de acercarse a la gente y convencerla de que se uniera a su fe. Creían que sus ceremonias y enseñanzas religiosas bastarían para atraer a la gente al Ásatrú.

Principales creencias Ásatrú

Lo que hace única a cualquier religión son sus creencias principales. Aunque la antigua mitología nórdica glorificaba las guerras y convertía en héroes a sus soldados, las creencias de Ásatrú son diferentes. Promueve la paz y la tolerancia y aconseja a sus seguidores que eviten el derramamiento de sangre y las luchas. La religión también se centra en encontrar la armonía y estar conectado con la naturaleza. A diferencia del cristianismo, el judaísmo y otras religiones, Ásatrú no tiene un conjunto de principios o escrituras que la gente deba seguir.

Otro aspecto que les diferencia es cómo veían a sus dioses y diosas. No los tratan como seres perfectos. De hecho, todos son imperfectos y tienen debilidades y cualidades humanas. Pueden enamorarse, sentir odio, enfadarse, entristecerse, sentir celos, etc. Los practicantes de Ásatrú no rezan a sus dioses y diosas y los ven más como amigos que como superiores. Sin embargo, creen que desempeñan un papel importante en su vida cotidiana.

Aunque el Ásatrú no tiene escrituras religiosas, está muy influenciado por la Edda prosaica de Snorri Sturluson. De hecho, muchas de sus creencias se inspiran en los numerosos mitos antiguos de estos textos.

Suele haber un sumo sacerdote que dirige la organización Ásatrú y al que se denomina Allsherjargoði, y otros diez sacerdotes menores supervisan las congregaciones de todo el país. El goði de kjalarnesþing es el segundo cargo de mayor rango en la jerarquía Ásatrú, y tiene potestad para celebrar blót, funerales, matrimonios y otras ceremonias religiosas.

Las Nueve Nobles Virtudes del Ásatrú

Aunque Ásatrú no sigue un conjunto de reglas, sus fieles se rigen por unas directrices específicas llamadas "Las Nueve Nobles Virtudes". Son una colección de normas éticas y morales que todos los seguidores del Ásatrú deben cumplir para llevar una vida honorable. Estas virtudes se basan en la Edda Poética en Prosa, el poema Hávamál y varias sagas islandesas. Cada rama del Ásatrú tiene su propia interpretación de las nueve virtudes, pero sus fundamentos y su significado universal son los mismos.

Perseverancia

La perseverancia es la virtud de los fuertes. No importan los obstáculos a los que uno se enfrente, nunca debe rendirse y debe seguir adelante. Sin embargo, esta cualidad no sólo implica levantarse cada vez que uno se enfrenta a una derrota, sino también aprender de las malas decisiones y los errores y convertirse en una versión mejor de uno mismo.

Vivir una vida normal o mediocre es fácil, pero el éxito requiere perseverancia y alcanzar todo su potencial. Nunca debe dejar que la vida le derribe, especialmente cuando sienta que todas las puertas están cerradas o que no hay esperanza. La perseverancia es creer que nada es imposible.

Autosuficiencia

La autosuficiencia consiste en ser independiente y ocuparse de sus necesidades sin dejar de estar conectado con los dioses y las diosas. Aunque debe honrar a sus deidades con regularidad, no debe ignorar su propio bienestar y dedicar tiempo a nutrir su corazón, mente, cuerpo y alma. Los practicantes del Ásatrú establecen este equilibrio ayudando a los demás y realizando buenas acciones sin sacrificar sus propias necesidades. En Ásatrú, una comunidad sólo puede prosperar y florecer si los individuos tienen espacio para crecer y convertirse en mejores personas.

Laboriosidad

La laboriosidad consiste en trabajar duro para hacer realidad sus sueños y lograr sus objetivos. Esto implica su trabajo y sus relaciones con las deidades, la comunidad y la familia. Piense en sus antepasados vikingos y en cómo vivían sus vidas. Estas personas eran guerreros y trabajadores que nunca aflojaban o no habrían sobrevivido. Su familia pasaría hambre si no salieran a buscar comida. Aunque usted no necesita realizar el mismo esfuerzo para sobrevivir, los practicantes de Ásatrú creen que uno siempre debe tener un objetivo por el que trabajar y mantener su mente y su cuerpo ocupados. Sin embargo, debe darse un respiro de vez en cuando, o se quemará y no seguirá adelante.

Hospitalidad

La mayoría de la gente define la hospitalidad como acoger amablemente a la gente en su casa. Sin embargo, Ásatrú insta a sus seguidores a tratar también a los demás con amor y respeto, aunque no sean huéspedes. La comunidad es una parte importante de la fe, y uno debe aprender a coexistir pacíficamente con los demás. Se trata de un rasgo que adquirieron de sus antepasados, ya que la hospitalidad era algo más que ser educado y amable. De hecho, su supervivencia dependía de ello. Las comunidades debían acoger a los forasteros y a los viajeros que buscaban compañía, seguridad y cobijo. Según la tradición Ásatrú, si acoges a un forastero en tu casa y le sirves comida, debes mantenerlo a salvo mientras sea tu huésped. Esto se basó en versos del poema Hávamál.

Honor

El honor implica tener una brújula moral y mantener una buena reputación. Esta virtud repercute en todos los aspectos de la vida de los seguidores del Ásatrú. Sirve como recordatorio de que, aunque tu cuerpo perezca, tu reputación, tus acciones, tus hechos, tus palabras y tu forma de tratar a los demás nunca serán olvidados.

La verdad

Según el poema Hávamál, hay dos tipos de verdad: la verdad real y la verdad espiritual. Uno de sus versos advierte contra hacer un juramento a menos que uno planee cumplirlo, o se encontrará con un castigo severo. La verdad es una de las virtudes más significativas y poderosas. Le recuerda que debe ser honesto en lugar de complacer a la gente y decir lo que los demás quieren.

Coraje

No se puede pensar en los vikingos sin que nos venga a la mente la palabra "valor". Esta virtud implica ser valiente física y moralmente, *pero no sólo en la batalla.* Uno debe tener el valor de defender lo que es correcto, incluso si todo el mundo está en su contra. De hecho, se necesitan agallas para vivir según estas nueve virtudes, especialmente en el mundo moderno. Sin embargo, uno siempre debe ser uno mismo y seguir su corazón y sus creencias, pase lo que pase.

Fidelidad

La fidelidad no es sólo ser fiel a su pareja, sino también a las divinidades y a su comunidad. En el antiguo paganismo nórdico, un juramento era sagrado y romperlo se consideraba una deshonra. Si rompe su juramento a los dioses, a la familia, a los amigos o a su cónyuge, está defraudando a su comunidad y dando la espalda a sus principios.

Disciplina

La disciplina tiene la fuerza de voluntad necesaria para llevar una vida honorable manteniendo estas virtudes. Hoy en día, con las muchas tentaciones a las que la gente se enfrenta regularmente, tener moral y aferrarse a ella requiere mucha disciplina. Puede elegir vivir su vida según estas virtudes o ignorarlas y seguir a las masas. Disciplina es ser leal a su moral y valiente frente a los retos diarios a los que se enfrenta en el mundo moderno.

Todas estas virtudes están conectadas entre sí; el incumplimiento de una de ellas repercutirá también en las demás.

Prácticas Ásatrúes

La mayoría de las comunidades Ásatrú de Islandia se mantienen fieles al estilo de vida de sus antepasados vikingos. Desde la resurrección de la religión en 1973, sus diversas prácticas se han extendido por toda la nación.

Ofertas

Una de las prácticas más populares en Ásatrú consiste en honrar a los antepasados. Los adoradores suelen acudir a lugares sagrados específicos, como un antiguo barco vikingo o un antiguo túmulo funerario, para presentar ofrendas a los espíritus de sus queridos difuntos.

Invocación de divinidades

Un sacerdote masculino (Gode) o una sacerdotisa femenina (Godi) suelen dirigir esta ceremonia. Forman un círculo con otros fieles para crear un espacio sagrado que actúa como un portal a los cielos donde residen sus dioses y diosas. A continuación, invocan y veneran a una deidad específica y realizan ofrendas para apaciguarla. Suelen realizar esta ceremonia durante los cuatro festivales estacionales: equinoccio de otoño, solsticio de verano, solsticio de primavera y solsticio de invierno.

Símbolos del Ásatrú

Muchos símbolos Ásatrú tienen su origen en las antiguas creencias paganas nórdicas que se remontan al año 2000 a. C.

Mjölnir

Gracias a las películas de Marvel, mucha gente está familiarizada con Mjölnir. El poderoso y mágico martillo de Thor es uno de los símbolos nórdicos más antiguos. En la antigua creencia, los adoradores lo llevaban como colgante. Simboliza la comunidad, la protección, las bendiciones, la buena fortuna, el crecimiento y la fertilidad.

Yggdrasil

Yggdrasil representa el ciclo de la vida[5]

El Yggdrasil es uno de los símbolos más importantes de Ásatrú y de la mitología nórdica. Representa el ciclo de la vida y conecta a todos los seres vivos entre sí. El árbol se encuentra en el centro del universo y todos los reinos existen sobre sus raíces. La palabra "Yggdrasil" significa "caballo de Odín", ya que fue donde Odín lo ató. Según la mitología nórdica, Yggdrasil será destruido en el fin del mundo, lo que se conoce como Ragnarök.

Triskelion
Triskelion significa cuernos de Odín, y representan la inspiración poética y la sabiduría.

Hugin y Munin
Hugin y Munin eran los cuervos de Odín, que simbolizaban la memoria y el pensamiento. Después de cualquier batalla, los cuervos se alimentaban de los cadáveres, y trataban este acontecimiento como un festín. Esto es similar al festín de Odín con los espíritus de los héroes muertos en el Valhalla.

Valknut
Valknut significa "nudo de Odín" y representa el proceso de la vida y la muerte. También simboliza los espíritus de los héroes muertos que cayeron en batalla y entraron en el Valhalla.

Aegishjalmur
Aegishjalmur significa casco aterrador, y es el yelmo de Ægir, el dios del mar. Representa la protección y el poder. Los soldados solían grabar imágenes de él en sus armas o armaduras, ya que podía aterrorizar al enemigo y facilitar su derrota.

Festivales estacionales del Ásatrú

Los seguidores del Ásatrú tienen un festival para cada estación, y cada una tiene sus propias celebraciones.

Yule/Solsticio de invierno (20 de diciembre)
Yule tiene lugar durante el invierno, deriva de la antigua palabra nórdica "Hjol", que significa "rueda". Durante esta festividad, la gente lo celebra haciendo banquetes, bailando e intercambiando regalos. Es una de las fiestas más sagradas y significativas, ya que simboliza el regreso de Balder, el dios de la belleza y la luz desde Hel, para aliviar las garras del gélido invierno. Es una época mágica en la que los dioses y diosas están cerca de la Tierra y los espíritus de los muertos pueden cruzar y vagar

entre los vivos.

Aunque Yule comparte muchas similitudes con la Navidad, es anterior a la fiesta cristiana desde hace miles de años.

Fiesta de otoño/Equinoccio de otoño (21 de septiembre)

Este festival tiene lugar a principios del otoño. La gente la celebra bailando, festejando y encendiendo hogueras. Simboliza la recolección de frutas y verduras y su almacenamiento para el invierno.

Solsticio de verano (21 de junio)

Este festival tiene lugar el día más largo del año. La gente lo celebra cantando, bailando, pronunciando discursos, encendiendo hogueras y presentando ofrendas a Balder.

Ostara/Equinoccio de primavera (21 de marzo)

Esta fiesta debe su nombre a Ostara, la diosa de la primavera. Es un momento para celebrar la fertilidad y el crecimiento de la Tierra. La gente lo celebra decorando sus casas y pintando huevos. Ostara influye mucho en la fiesta cristiana de Pascua, que se celebra con las mismas tradiciones.

El Ásatrú es una religión fascinante con una rica historia y diversas creencias y prácticas. En su mayor parte, se ha mantenido fiel a la Antigua Tradición Nórdica. Ásatrú sigue utilizando los mismos símbolos de la antigua religión, sigue un núcleo de creencias similar y celebra los mismos festivales estacionales.

Capítulo 4: El alma y el más allá

La muerte siempre ha sido el mayor misterio de la vida. Aunque la gente sabe que va a morir, no sabe dónde irá a parar su alma ni qué ocurre en la otra vida. Desde el principio de los tiempos, la humanidad ha intentado responder a la pregunta: "¿Qué ocurre después de morir?". La antigua mitología nórdica ideó su propia interpretación del alma y de la vida después de la muerte para convertir la muerte en algo que la gente pudiera esperar en lugar de temer.

Este capítulo analiza el concepto del alma y la vida después de la muerte y su importancia en la religión nórdica.

La vida después de la muerte en la religión nórdica

La muerte y la vida después de la muerte son algunos de los conceptos más significativos de la mitología nórdica. Sin embargo, existen muchos malentendidos sobre estos temas gracias a las representaciones inexactas que los medios de comunicación hacen de los vikingos. Por ejemplo, mucha gente cree que el Valhalla es similar a la idea del cielo de muchas religiones. Sin embargo, es muy diferente de eso.

La mayoría de las religiones se centran en la vida después de la muerte y aconsejan a sus seguidores que lleven una vida honesta y decente para poder pasar la eternidad en el cielo. Sin embargo, la religión nórdica se centra más en las experiencias vitales y el disfrute en lugar de preocuparse por dónde acabará una persona después de morir.

En otras palabras, las acciones de las personas sólo están relacionadas con su bienestar y sensación de plenitud y no tienen ningún impacto en el lugar al que irá su alma. Esto queda claro en las nueve virtudes que sólo se centran en mejorar al individuo y a la comunidad. No se menciona que seguir esas nueve virtudes permita a la gente entrar en el Valhalla. Los nórdicos creían que a toda persona se le concede una vida después de la muerte en algún momento, por lo que no hay necesidad de preocuparse por ello.

Valhalla, la sala de los muertos[6]

La muerte no se ve como el final, sino como una continuación de la propia vida en un reino y un estado del ser diferentes. El alma abandona el cuerpo y se dirige al mundo de los muertos para continuar su existencia. Sin embargo, permanece conectada al mundo de los mortales, razón por la cual los vivos y los espíritus de los antepasados pueden comunicarse entre sí.

Los espíritus no acaban todos en el mismo lugar. Hay más de una vida después de la muerte y existen factores que determinan dónde pasará la eternidad cada espíritu.

Valhalla

Si alguna vez ha visto una película o un programa de televisión vikingos, probablemente habrá oído la palabra Valhalla. Significa "*salón de los muertos*", y es el lugar donde las valquirias se llevan las almas de los héroes caídos después de morir. Las Valquirias se parecen a las que aparecen en las películas de Marvel. Son un grupo de mujeres guerreras que cabalgan sobre jabalíes, lobos o caballos, sosteniendo una lanza para determinar el destino de los guerreros que caen en batalla.

El Grímnismál, uno de los poemas de la Edda Poética, describe el Valhalla como un lugar de oro brillante con un techo hecho de escudos y vigas de lanzas. Los muertos se sientan en sillas cubiertas con corazas alrededor de enormes mesas de banquete que sirven un suministro interminable de comida y bebidas como carne e hidromiel. Pasan todo el día entrenándose, luchando unos contra otros y, por la noche, todas sus cicatrices y heridas sanan y comen deliciosos manjares rodeados de hermosas valquirias.

Según la mitología nórdica, *Fenrir*, el hijo de Loki, es un lobo monstruoso tan enorme y feroz que los dioses tuvieron que encadenarlo. Durante el Ragnarök (el fin del mundo en la mitología nórdica), Fenrir se liberaría y sembraría el caos en los nueve reinos, se enfrentaría a Odín y luego lo mataría. Por esta razón, los dioses recogen las almas de los guerreros muertos y las entrenan para luchar contra Fenrir.

El Valhalla es diferente del concepto de cielo al que la mayoría de la gente está acostumbrada, ya que no representa la vida después de la muerte ideal. Sin embargo, para un guerrero vikingo, nada es mejor que pasar sus días luchando y festejando. Aun así, Odín no creó el Valhalla como recompensa para los guerreros. Fue por razones egoístas, ya que era consciente del Ragnarök y quería preparar un ejército que le protegiera cuando llegara el momento.

Los guerreros no pasarán la eternidad en el Valhalla. Todos están destinados a morir de nuevo con todos los demás dioses durante el Ragnarök. Entonces, perecerán para siempre.

Fólkvangr

Fólkvangr significa campo de los ejércitos o campo del pueblo, y es el reino de Freyja, la diosa de la guerra y la muerte. Las almas de los guerreros caídos se dividen entre Odín y Freya, la mitad va al Valhalla y la otra a Fólkvangr. En el Grímnismál no se menciona qué factores determinan quién acaba en el Valhalla y quién en el Fólkvangr.

Tampoco hay ninguna descripción de Fólkvangr ni de cómo pasan allí sus días los espíritus. Sólo se menciona lo justa y grandiosa que es. Sin embargo, cabe esperar que sea un lugar agradable para pasar la otra vida, ya que Freyja es una diosa bondadosa y dadivosa, por lo que lo más probable es que su reino refleje su personalidad amorosa.

Hel

Hel o Helheim es un reino llamado así por su reina, Hel, la diosa de la muerte. La palabra "Hel" significa oculto, y refleja cómo los muertos y su reino están escondidos en las profundidades del subsuelo. Es un lugar brumoso, frío, oscuro y húmedo con un perro que custodia sus puertas. La Edda Poética afirma que la diosa es hija de Loki y hermana de Fenrir. Formar parte de una de las familias más peligrosas de la mitología nórdica se refleja en su personalidad. Es una diosa dura, cruel y codiciosa y no le importan ni los muertos ni los vivos.

Las personas que mueren de enfermedades, vejez o accidentes acaban en su reino. Sin embargo, la Edda prosaica insinúa que los que mueren por otras causas también pueden acabar allí. Cuando Balder, el dios de la luz, fue asesinado a manos de su hermano, fue a parar a Hel. Sin embargo, se podría argumentar que podría considerarse un accidente, ya que su hermano no lo mató a propósito (Loki lo engañó).

A diferencia de lo que sugieren el nombre y la personalidad de la diosa, Hel no es un lugar malo, y los espíritus no son torturados ni castigados. De hecho, los trata muy bien. Cuando Balder murió, la diosa le dio la bienvenida cubriendo el suelo de oro. Sin embargo, Hel no se asemeja al concepto de cielo, ya que no es ni un lugar agradable ni malo. Es simplemente un reino para que los muertos pasen sus días hasta el Ragnarök. Comerían, beberían, dormirían y vivirían igual que cuando estaban vivos.

Algunos eruditos creen que Snorri fue el único que retrató Hel negativamente, ya que la mayor parte de la literatura nórdica la describía como un lugar bastante agradable. También creen que se contradijo cuando mencionó que Balder fue a Hel, ya que no se menciona que las personas que fueron asesinadas acabaran allí.

De toda esta información se puede deducir que Hel es realmente un buen lugar donde los muertos tienen todo lo que desean.

- **El reino de Rán**

Este reino se encuentra bajo el mar y es el más allá para los que mueren ahogados. La diosa del mar, Rán, lo gobierna y, cuando los marineros se ahogan, se lleva sus almas a su mundo. Aunque se encuentra bajo el mar, su reino suele estar iluminado por todos los tesoros que se lleva de los barcos hundidos. Se cree que Rán trata bien a los espíritus y cuida de ellos.

Helgafell

Helgafell es una montaña sagrada donde algunos espíritus pasan su vida después de la muerte. Es similar a Hel, donde los muertos llevan una vida normal con sus familias y seres queridos. Algunas personas tienen el poder de ver dentro de Helgafell, y lo describen como un lugar alegre que se siente como en casa.

El túmulo

El túmulo no es un reino, sino la tumba donde se entierra a una persona. A veces, el alma permanece en las tumbas y pasa allí la otra vida. El alma es libre de habitar en paz o de acechar la ciudad y asustar a la gente.

No se menciona que las acciones de una persona influyan en dónde pasará su vida después de la muerte. El único factor determinante es cómo murieron. Los conceptos de salvación o condenación interna no existen en las religiones nórdicas. Sólo hay una mención en la literatura nórdica de un lugar parecido al "Infierno", llamado Nastrond, pero las ideologías cristianas influyen principalmente en la creencia en este escenario.

Los dioses no juzgan a una persona en función de sus hechos o acciones, ni tienen poder para interferir en el destino de las almas. Por ejemplo, Odín no podía llevarse el alma de una persona que muriera ahogada, y Rán no podía llevarse la de una que muriera en batalla.

El yo en la religión nórdica

El yo está formado por el alma, la mente y el cuerpo. En pocas palabras, son los componentes que hacen al ser humano; sin uno de ellos, la persona perecerá. En la mitología nórdica, el concepto del yo es más complejo. Consta de otras partes que pueden separarse unas de otras. Algunos de estos componentes pueden seguir viviendo cuando una persona muere e incluso reencarnarse.

El yo y sus componentes en la religión nórdica difieren del concepto de alma en el cristianismo, que se considera una parte única del yo. Nunca se separa de la persona excepto en la muerte. De hecho, la palabra alma o "sal" en la lengua nórdica no existía en la religión antigua y sólo surgió tras la llegada del cristianismo.

Comprender el yo y sus componentes le dará una mejor idea de cómo comprendían los nórdicos la idea del alma.

El Hamr

La palabra "*hamr*" se pronuncia como "hammer", que significa piel o forma. Representa el aspecto físico de la persona y es la parte visible y sólida del yo. El cuerpo siempre se ha entendido como un aspecto fijo que nunca puede alterarse. Sin embargo, en la religión nórdica, la forma física puede cambiar. Su hamr puede cambiar tras la muerte, o la mente puede manipularlo. Algunas personas también pueden alterar su aspecto físico realizando ciertos hechizos. La mitología nórdica menciona guerreros que se transformaban en lobos u osos.

La palabra "*hamr*" se utilizaba en el contexto de la descripción del cambiaformas. Por ejemplo, "*hamhleypa*" es la palabra nórdica para un cambiaformas, y skipta hömum (hömum es el sustantivo de hamr) se traduce como "cambiar de forma". El hamr no acompaña a la persona a la otra vida.

El Hugr

La palabra "*hugr*" significa el pensamiento o la mente, y es la primera parte invisible del yo. También puede referirse a su voluntad, emociones, conciencia y personalidad y está estrechamente asociada al concepto de yo interior. Representa sus deseos, intuición, pensamientos y presencia. Su hugr representa cómo hace sentir a la gente en su compañía.

Algunas personas poseen fuertes hugrs y pueden utilizar esta capacidad para impactar a otros a distancia utilizando sólo sus pensamientos. A veces, su hugr puede salir de su cuerpo y entrar en el de otra persona. Por ejemplo, si envidia a alguien y piensa negativamente en él, puede enfermarle. Su hugr o sus pensamientos viajan a la persona en la que está pensando e impactan en su salud y en su cuerpo. Una persona puede hacer esto inconscientemente sin intención de dañar a nadie.

El hugr no permanece en el cuerpo tras la muerte y suele acompañar al alma al más allá.

El Fylgja

Mire cualquier ilustración antigua de brujas. Normalmente las encontrará con compañeros animales o pájaros como cuervos o gatos. Este tipo de espíritu se conoce como fylgjur (plural de Fylgja), una palabra nórdica pronunciada como "Filg-yur". Fylgja, pronunciado "Filg-ya", significa perseguir, guiar, conducir, seguir, pertenecer, estar al lado o ayudar, y su sustantivo significa un "espíritu acompañante".

Estos espíritus suelen adoptar la forma de un animal; en algunos casos raros, pueden ser humanos. Sin embargo, no todo el mundo puede verlos. Deben tener habilidades específicas como el don de la segunda vista. También se puede ver a estos espíritus en sueños o mientras se muere, incluso sin ninguna habilidad especial

El momento antes de que alguien muera, puede ver a su fylgja muerto. Esto indica que usted y su fylgja están conectados; cuando usted enferma, ella enferma, y cuando usted muere, ella muere, y viceversa. Aunque la fylgja puede separarse del yo, comparte el mismo destino que su dueño.

La fylgja comparte muchos otros aspectos con su dueño. Por ejemplo, una persona glotona puede tener una fylgja de cerdo, una persona violenta puede tener una fylgja de lobo, una persona tímida puede tener una fylgja de ciervo y una persona noble puede tener una fylgja de oso.

Aunque el fylgja debe seguir a su dueño, muchas historias han mencionado cómo llega al destino previsto antes que la persona. Su fylgja también puede ver y oír cosas que usted no puede y utiliza esta habilidad para protegerle de cualquier daño.

El Hamingja

El último aspecto del yo es la *hamingja*, pronunciada: "hahm-ing-ya". Representa la suerte de una persona, pero en la mitología nórdica, el concepto de suerte es diferente. Se considera una característica como la inteligencia o la fuerza heredada de su familia, y tiene un gran impacto en su vida y su futuro. Por ejemplo, puede hacerle rico o exitoso, y también puede actuar como un espíritu protector.

Aunque forma parte del yo, se considera una entidad separada que a veces puede separarse de la persona. Por ejemplo, cuando una persona muere, su hamingja no permanece con ella en la otra vida. Puede reencarnarse en uno de los descendientes de la persona, especialmente si se llama como su dueño. La literatura nórdica también cuenta historias en las que una hamingja elige a un miembro de la familia y se une a él. En otras ocasiones, una persona puede elegir antes o después de morir quién puede llevarse su hamingja. También puede prestar su hamingja a otras personas si sufren de mala fortuna y quieren cambiar su suerte.

La hamingja suele adoptar la forma de una mujer enorme y fuerte parecida a la Valquiria.

Técnica de meditación

Meditar requiere que profundice en su interior y trascienda su forma física para eliminar las fronteras entre usted y su alma.

Instrucciones:
1. Encuentre un lugar tranquilo y apacible sin distracciones.
2. Ponga un temporizador durante 15 minutos.
3. Siéntese en el suelo con las piernas cruzadas y las manos sobre el regazo, como la posición de loto que adoptan muchas personas cuando hacen yoga. Si le resulta incómoda, elija otra postura, pero debe estar en el suelo, no en una silla, sofá o cama.
4. Cierre los ojos y respire profundamente unas cuantas veces para despejar la mente. Puede reproducir ritmos binaurales para ayudarle a relajarse.
5. Concéntrese únicamente en el sonido de los latidos y no deje que su mente divague ni que sus pensamientos le distraigan.
6. Céntrese en su interior y desplace su conciencia de su cuerpo y del mundo que le rodea a su alma.
7. Permanezca concentrado en cada latido. Si aparecen distracciones o pensamientos, vuelva a centrarse rápidamente en los ritmos binaurales. Siga haciéndolo hasta que esté completamente relajado y su mente en calma.
8. Ahora debería ser completamente inconsciente del tiempo y del espacio. Ahora es uno con el ser y está conectado a él en un nivel superior.
9. Permanezca en este estado hasta que pasen los 15 minutos, después abra lentamente los ojos.

La religión nórdica es única y se distingue de otras creencias. A diferencia de muchas mitologías antiguas, sus deidades no tienen poder sobre dónde acaba el alma en la otra vida. Su visión del alma también es diferente, pues consta de varios componentes que pueden ser cada uno una entidad independiente. Aunque muchas culturas antiguas de la época creían en el juicio y otorgaban a sus deidades poder sobre cómo y dónde pasaban la vida después de la muerte, los nórdicos tenían una percepción diferente. Como resultado, a día de hoy, sigue siendo una de las religiones más fascinantes del mundo.

Capítulo 5: Fylgja: Encontrar a su guardián

En una tierra de hace mucho tiempo, un joven esperaba con impaciencia la gran fiesta del año. Cada día, contaba las horas y anticipaba los festejos venideros. Poco sabía, sin embargo, que una malvada bruja estaba tramando su desaparición esa misma noche.

Afortunadamente, la fylgja del hombre era consciente del peligro. Intentó advertirle a través de sueños vívidos durante cinco noches, pero él permaneció ajeno a sus mensajes. A medida que se acercaba el acontecimiento, seguía sin darse cuenta de las señales que su fylgja le enviaba.

Con el tiempo agotándose, la fylgja tomó cartas en el asunto. Enfermó al joven, impidiéndole asistir a la fiesta y salvándole la vida sin saberlo.

Tal es el poder del fylgja - un espíritu guardián que hará lo que sea para proteger a los que están bajo su cuidado. Lamentablemente, muchos desconocen su existencia y se pierden los mensajes diarios que envían. Sin embargo, descubrir y establecer un vínculo con su fylgja puede transformar su vida de formas que van más allá de su imaginación.

Descubrir y establecer un vínculo con su fylgja puede tener un profundo impacto en su vida, pero el viaje para conectar con su espíritu guardián puede ser todo un reto. Afortunadamente, este capítulo ofrece técnicas prácticas para ayudarle a establecer una relación con su espíritu guía.

La meditación puede ayudarle a conectar con su fylgja[7]

A través de la meditación, la visualización y otros métodos, puede aprender a reconocer a su fylgja y a comunicarse con él. Afinando su intuición y abriéndose a los mensajes que le envía, puede aprovechar la sabiduría y la guía de su espíritu guardián.

Tanto si busca protección, claridad o simplemente una conexión más profunda con el reino espiritual, las técnicas presentadas en este capítulo pueden ayudarle a forjar un vínculo con su fylgja y desbloquear todo su potencial.

Técnica de meditación

Herramientas:

- Salvia blanca
- Bolígrafo y papel

Instrucciones:

1. Antes de empezar, establezca la intención de que está realizando esta técnica de meditación para conectar con su guía espiritual. Puede decir algo como: *"Voy a hacer un viaje al mundo espiritual para conectar con mi guardián"*.
2. Prepare un espacio sagrado para la meditación. Límpielo quemando salvia blanca y deje que el humo lo purifique.

3. Muévase por la habitación e invoque las cuatro direcciones (norte, sur, este y oeste).
4. A continuación, honre a los cuatro elementos, Tierra, Agua, Aire y Fuego, y honre también al Espíritu.
5. Diga: *"Invoco la energía de la Tierra para que me mantenga enraizada mientras me dirijo a los reinos invisibles y conecto con mi guía espiritual".*
6. *"Invoco la energía del Agua, rezando para que sus corrientes fluyan con facilidad y abran el camino que me llevará hasta mi guía espiritual".*
7. *"Invoco la energía del Aire para que traiga la luz y me conceda el don de la claridad para que pueda confiar en mi intuición mientras viajo al encuentro de mi guía espiritual".*
8. *"Invoco la energía del Fuego para que ilumine mi camino en los reinos invisibles mientras conecto con mi guía espiritual".*
9. *"Invoco la energía del Espíritu, a la Abuela Luna, al Abuelo Sol, a mis queridos antepasados y a todos los demás espíritus serviciales que puedan oírme. Protéjanme y manténganme a salvo mientras me dirijo a los reinos invisibles y conecto con mi guía espiritual".*
10. Escriba en el trozo de papel todas las preguntas que quiera hacer a su guía espiritual.
11. Ahora, prepárese para la meditación.
12. Siéntese en el espacio sagrado en posición de loto.
13. Inspire y espire lenta y profundamente durante uno o dos minutos, y sienta cómo su cuerpo se relaja con cada respiración.
14. Despeje su mente y concéntrese únicamente en el momento presente.
15. Repita su intención de nuevo en voz baja.
16. Cierre los ojos y visualícese de pie en medio de un gran bosque con bellos paisajes a su alrededor. Admire su entorno.
17. Mire donde mire, verá flores de colores y altos árboles verdes.
18. Un camino delante de usted le llevará hasta su guía espiritual.
19. Usted camina hacia ella.

20. Siente el aire en el pelo y la cálida luz del sol en la piel.
21. Mientras camina por el sendero, siente que le invade una sensación de tranquilidad. Se siente alegre porque sabe quién le espera al otro lado.
22. Vea el viento que sopla entre los árboles y comprueba que ya casi ha llegado.
23. Usted siente la protección de los cuatro elementos.
24. Está impaciente por conocer por fin a su tutor y que le responda a todas sus preguntas.
25. Por fin ha llegado a su destino y ve una gran bola de luz blanca.
26. Usted se acerca y entra en ella.
27. Ahora, se encuentra ante su guía espiritual.
28. Mire más de cerca para ver la figura que tiene delante. Puede ser un pájaro, un animal o una bola de energía. Lo que aparezca delante de usted es su guardián.
29. Pregunte: *"¿Eres mi guía espiritual?"* y espere una respuesta.
30. Pregunte: *"¿Cómo te llamas?"*.
31. Sea cual sea el nombre que le den, utilícelo para dirigirse a ellos.
32. Ahora, su guía espiritual se lo dirá,

"Desde el día en que naciste, he estado a tu lado. Nunca estás sola; siempre estoy contigo, guiándote, ayudándote y protegiéndote".

33. Se siente abrumado por las emociones al saber que no está solo y se siente conectado a ellas.
34. Camina hacia ellos y los abraza.
35. Ahora, les hará todas las preguntas que haya preparado antes de la meditación. No se contenga y pregunte todo lo que le venga a la mente. Su espíritu guía está ahí para ayudarle y hará todo lo que esté en su mano para darle las respuestas que busca.
36. Cuando haya terminado de hacer sus preguntas, dígales que se marcha, pero que volverán a encontrarse. Su guía espiritual le dirá: "Aunque no siempre puedas verme, camino constantemente a tu lado. Siempre que me necesites, llámame".

37. Deles otro abrazo y exprese su gratitud por toda su ayuda.
38. Vuelva al mismo camino saliendo por la bola de luz y caminando de vuelta por el mismo sendero.
39. Se siente satisfecho y en paz tras esta experiencia espiritual y con la certeza de que su guía espiritual siempre le mantendrá a salvo.
40. Cuando esté preparado para salir de la meditación, respire profundamente unas cuantas veces y abra los ojos.
41. Esté atento a las señales porque su guía espiritual le enviará mensajes a través de canciones, animales, símbolos, etc., así que mantenga los ojos y los oídos abiertos.

Concéntrese en sus sueños

Preste atención a todo lo que ve en sus sueños porque su guardián puede revelarse ante usted o enviarle mensajes en el mundo de los sueños.

Instrucciones:

1. Cuando esté en la cama antes de dormirse, pida a su guardián que se le revele en sueños. Puede decir: "Guardián que siempre vela por mí y sirve a mis mejores intereses, por favor visítame en mis sueños esta noche. Estoy preparado para recibir tu sabiduría y agradecido por tu guía y apoyo constantes. Prometo recordar mi sueño cuando me despierte por la mañana".
2. Siga repitiendo la intención hasta que se duerma. Deje un cuaderno y un bolígrafo a su lado para poder anotar su sueño en cuanto se despierte.
3. A la mañana siguiente, anote todo lo que recuerde, incluso los detalles que considere irrelevantes o sin importancia.
4. Cuando haya terminado, lea todo lo que escribió y analice todos los signos y símbolos para averiguar quién es su guía espiritual y qué intenta comunicarle.

Adivinación

La adivinación, también llamada mirada de cristal, es una práctica adivinatoria originaria de la antigua Persia. Consiste en mirar fijamente una bola de cristal, un espejo, agua o cualquier superficie reflectante para recibir las respuestas que busca.

Herramientas:
- Un cuenco con agua (preferiblemente un cuenco oscuro, ya que le facilitará la concentración)
- Una mesa
- Un cristal (preferiblemente cuarzo cristalino)
- Cerillas o un mechero
- 2 velas
- Salvia blanca

Instrucciones:
1. Elija un lugar para la adivinación. Puede hacerlo en el interior o en el exterior, pero tiene que estar oscuro. Si practica en el interior, apague la luz y cierre las cortinas. Si practica al aire libre, hágalo de noche.
2. Coloque el cuenco de agua sobre la mesa y deje caer el cristal en él.
3. Limpie su espacio utilizando salvia blanca.
4. Encienda las velas y colóquelas a ambos lados del cuenco. Las llamas deben reflejarse en la superficie del agua.
5. Entre en estado de trance meditando mientras se concentra en su respiración y escucha música suave.
6. Comience la adivinación cuando se sienta concentrado, relajado y en paz.
7. Siéntese cómodamente, mire el cuenco de agua y relaje los ojos.
8. Concéntrese en el cristal para evitar que sus ojos se desvíen.
9. Mantenga la calma y sea paciente. La adivinación no es fácil y puede llevar un tiempo dominarla.
10. Repítase a sí mismo la intención de encontrar a su guía espiritual.
11. Mantenga los ojos y la cara relajados.
12. Respire profundamente desde el estómago.
13. Empezará a ver imágenes que van y vienen, no se aferre a ellas, ya que esto sólo dificultará el proceso. Permita que ellas y

las emociones que las acompañan vayan y vengan libremente.

14. Es normal que su mente divague, no la fuerce a volver. Sólo asegúrese de que sus ojos se centran en el cuenco de agua.
15. Puede empezar a ver una imagen, una palabra o una escena desarrollándose.
16. Cuando haya terminado, contemple lo que ha visto durante unos minutos.
17. Puede que no encuentre a su espíritu o guía animal de inmediato. La adivinación requiere tiempo y práctica, así que hágalo con la mayor frecuencia posible hasta que encuentre a su guardián.
18. Puede utilizar cualquier otra imagen reflectante como fuego, aceite, cera, nubes, humo, cristal o mirar a alguien a los ojos. Elija el método por el que se sienta más atraído.

Cartas de oráculo de animales

Utilizar las cartas del oráculo de los animales es una forma rápida y segura de encontrar a su animal guardián.

Instrucciones:

1. Conecte con las cartas llevándolas consigo allá donde vaya durante unos días, o juegue con ellas cada vez que pueda. Introdúzcalas en su energía tocándolas y utilizándolas constantemente. Esto facilitará el trabajo con ellas y le proporcionará resultados precisos.
2. Establezca la intención de lo que espera que le revelen las cartas. Puede decir: *"Quiero que las cartas me revelen mi animal guardián"*.
3. Respire lenta y profundamente unas cuantas veces y concéntrese en el momento presente y en su intención.
4. Baraje el mazo siete veces o más hasta que sienta que su energía se ha fusionado con la de las cartas.
5. Extienda las cartas boca abajo y coloque las manos sobre ellas.
6. Cuando se sienta atraído por una carta, levántela. Es la carta que le revelará su animal guardián.
7. Mire la tarjeta para identificar a su animal guardián.

8. Siéntese con ella durante unos minutos para intentar conectar con la carta y familiarizarse con su animal espiritual.

9. Anote en su diario cómo le hace sentir la tarjeta.

También puede meditar sobre la carta.

Instrucciones:
1. Siéntese cómodamente en una habitación tranquila y sin distracciones.
2. Mantenga la carta en la mano.
3. Cierre los ojos y respire profundamente unas cuantas veces.
4. Sienta cómo su cuerpo se relaja con cada respiración.
5. Despeje su mente y esté presente en el momento.
6. Visualice la carta y piérdase en su imaginación.
7. Observe todos los detalles que vea en la visualización. Fíjese en todos los símbolos que vea, ya que su animal guardián puede enviarle mensajes a través de su meditación.
8. Intente comprender el mensaje que intentan transmitirle.
9. Cuando haya terminado, exprese su gratitud por lo que ha recibido de su guía espiritual.
10. Respire profundamente unas cuantas veces y abra lentamente los ojos.

Bibliomancia

La bibliomancia es otra antigua técnica de adivinación que consiste en encontrar las respuestas que busca en un libro que le llama. Es uno de los métodos de adivinación más antiguos y muchas personas aún lo utilizan para encontrar a su guía espiritual.

Instrucciones:
1. Póngase delante de su colección de libros. Si no la tiene, acuda a una librería o a su biblioteca local.
2. Cierre los ojos y establezca la intención de que desea encontrar a su guía espiritual en uno de estos libros.
3. Mueva las manos sobre los libros y déjese guiar por su intuición; el libro le llamará.
4. Cuando sienta el impulso de coger un libro, hágalo.

5. Abra los ojos y, al azar, abra el libro y eche un vistazo rápido. Puede encontrar una palabra o un dibujo que le revele a su guardián.
6. También puede esperar unos minutos antes de abrir el libro a que le aparezca un número de página, abrirlo y leerlo.
7. Puede que la bibliomancia no funcione la primera vez que lo intente, sobre todo si no está conectado con su intuición. Siga practicando hasta que sienta que un libro le atrae.
8. A veces, su guía espiritual no le dará una señal clara y sólo le enviará una pista. Utilícela y siga buscando y explorando hasta que la descubra.

Búsqueda de la visión

Instrucciones:
1. Después de despertarse por la mañana, realice una meditación sencilla.
2. Siéntese en una posición cómoda en una habitación tranquila.
3. Cierre los ojos y respire profundamente unas cuantas veces.
4. Pida a su animal espiritual que se muestre ante usted enviándole señales o pistas.
5. Mantenga los ojos abiertos para recibir mensajes a lo largo del día. Su animal guardián puede mostrarle símbolos que le revelen su identidad o simplemente darle pistas. Por ejemplo, si se trata de un pájaro, puede ver plumas por todas partes u oír piar a los pájaros.
6. Su animal guardián también puede mostrarle directamente quién es. Por ejemplo, si es un lobo, verá imágenes o vídeos de lobos por todas partes en Internet, en libros, en el arte callejero, o un amigo le mencionará el animal al azar o le comprará un colgante con forma de lobo.
7. Haga esta meditación cada mañana. Por la noche, escriba todas las señales que haya visto durante el día.
8. Si ve más de un animal, céntrese en el que más vea.
9. Recuerde, cuando su animal guardián decida revelarse ante usted, seguirá enviándole mensajes y señales hasta que por fin le haga caso.

Naturaleza

Lo más probable es que su guía espiritual sea un animal o un ave, por lo que utilizará elementos naturales para revelarse ante usted. Incluso cuando descubra su fylgia, puede utilizar la naturaleza siempre que quiera conectar con ella o hacerle una pregunta.

Instrucciones:
1. Encuentre un lugar en la naturaleza como un lago, un arroyo o un parque.
2. Mire fijamente los árboles, las flores, el agua, las nubes, la luna, etc., e intente ver un rostro.
3. Si ve la cara de un animal que se le aparece mucho últimamente, podría ser su guía animal.

Señales repetidas

El universo suele enviarle mensajes a través de signos repetitivos como símbolos, nombres o números. Sus guías espirituales también pueden enviarle mensajes o revelarse ante usted repitiendo el mismo signo repetidamente hasta que usted se dé cuenta.

Instrucciones:
1. Establezca una intención clara en voz alta o internamente, o diga una oración como

    "Querido (mencione el nombre de la deidad nórdica de su elección o invoque a los espíritus de sus antepasados), le imploro que me ayude a encontrar a mi guía espiritual. Por favor, envíame señales, signos o símbolos todos los días. Gracias".

2. Mantenga los ojos abiertos todos los días para detectar objetos, lugares, símbolos, nombres o números repetitivos e inusuales que se le aparezcan.
3. Escríbalas y, al cabo de una semana, reflexione sobre ellas e intente descifrar su significado.

Libere sus preocupaciones a su guía espiritual

Si le cuesta tomar una decisión o busca una solución a un problema, libere sus preocupaciones a su guía espiritual.

Instrucciones:

1. Siéntese en un lugar tranquilo y aclare sus pensamientos.
2. Repita este mantra *"Estoy liberando (nombre el asunto) a mi guía espiritual para que me ayude a encontrar una solución"*.
3. Esté atento a los mensajes o señales que le enviarán para ayudarle con su problema.

A veces, puede intentarlo todo, pero su fylgia no se revela ante usted. Esto no significa que se niegue a conectar con usted. Sólo quiere que siga buscando porque hay una lección para usted en este viaje. No se rinda. Con el tiempo, encontrará su filia. En otros casos, sus mensajes o símbolos pueden ser tan claros y sonoros que será imposible no verlos. Mantenga los ojos abiertos.

Una vez que encuentre a su guardián, busque su ayuda y orientación siempre que se enfrente a un problema. Comprenda sus mensajes y advertencias porque pueden salvarle la vida. Expréseles constantemente su gratitud para mostrar su aprecio por toda su ayuda.

Capítulo 6: La magia de Seidr

El seidr es una práctica espiritual y chamánica común en el paganismo nórdico y se ocupa principalmente del destino. Se utilizaba para descubrir los matices del destino y, si era necesario, cambiarlos sutilmente como quisiera el practicante. Según la tradición antigua, la práctica se utilizaba tanto para fines buenos como malos. Aunque los practicantes del Seidr eran conocidos por lanzar maldiciones a la gente, también lanzaban hechizos protectores y proporcionaban amuletos para la potenciación y la protección espiritual.

El seidr era practicado principalmente por mujeres[8]

Tradicionalmente asociado a la diosa Freyja, el Seidr era practicado principalmente por mujeres. Estas mujeres eran miembros muy respetados de sus comunidades, a diferencia de los practicantes masculinos, que a menudo eran ridiculizados y tachados de afeminados. El misterio asociado al Seidr era un rasgo femenino en las tradiciones y la cultura nórdicas. Por ello, se pensaba que los hombres que practicaban el Seidr rompían las normas de género. Incluso el poderoso dios Odín (del que se creía que era el practicante de Seidr más hábil entre las deidades) fue objeto de burlas por utilizar lo que se consideraban poderes femeninos. Sin embargo, muchos practicantes masculinos lo idolatraban debido a sus otras características masculinas.

Este capítulo explorará los conceptos del Seidr y la Völva y le ayudará a comprender los diferentes niveles de trance que puede alcanzar un chamán. A continuación, encontrará una guía paso a paso para realizar un viaje Seidr seguro.

Antes de empezar

Es necesario subrayar que el chamanismo nórdico, o cualquier otra práctica chamánica, es más segura para los principiantes cuando se practica con un guía experimentado. Si usted es un practicante solitario, debe adquirir experiencia en los métodos de trance y viaje antes de proceder a niveles superiores. Las prácticas chamánicas pueden perjudicar su bienestar mental si no está adecuadamente preparado o tiene problemas psicológicos. Cuando entre en trance, recibirá mensajes en forma de señales auditivas o visuales. Esto puede resultar abrumador incluso si no tiene problemas de salud mental. Puede llevarle algún tiempo acostumbrarse a los mensajes y aprender a descifrarlos. Si se siente abrumado o tiene síntomas como ansiedad grave y alucinaciones durante o después de su práctica, debe parar y buscar ayuda de un profesional de la salud mental. Del mismo modo, si ya está luchando con problemas de salud mental, no empiece a practicar Seidr (o cualquier otra forma de chamanismo) hasta que los haya abordado.

¿Qué es el chamanismo?

El chamanismo es una práctica espiritual que consiste en obtener conocimientos o poderes a través de un estado de trance. Las habilidades que se pueden obtener en este estado incluyen la adivinación, la sanación o la orientación para los vivos o los muertos.

El término "chamanismo" tiene su origen en la palabra manchú-tungo saman y puede traducirse como *"el que sabe"*. Los registros históricos sugieren que estaba muy extendido entre las antiguas tribus de África, el Ártico, Australia, Asia y América. El chamanismo era practicado típicamente por comunidades cazadoras y recolectoras.

Aunque no está claro cuándo las antiguas tribus germánicas adoptaron el chamanismo en sus prácticas, los mitos sugieren que no eran ajenos a él. Odín, el rey de los dioses germánicos, era un chamán muy conocido, y practicaba el Seidr después de aprender de la diosa Freyja. Algunas fuentes sugieren que el nombre de Odín puede traducirse como *"el maestro de la inspiración"* o *"el maestro del éxtasis"*. Sus viajes chamánicos están documentados en varios mitos, sagas y poemas, incluido un famoso poema éddico llamado "Los sueños de Balder". En él se describe a Odín viajando al inframundo tras la muerte de su hijo Balder. Utilizó el trance para montar en Sleipnir, su caballo de ocho patas, y cruzar la división entre los reinos. Allí, pidió consejo a una vidente muerta sobre cómo revivir a Balder.

Se cree que los dos cuervos de Odín, Hugin y Munin, eran compañeros espirituales familiares, lo que es típico de quienes practican el chamanismo. Un chamán debe morir y renacer para obtener el poder de entrar en trance, lo que Odín hizo durante su prueba en el Árbol de la Vida.

Según la leyenda, Odín encendió batallas entre tribus para recoger las almas de los guerreros más feroces. También se sugirió que algunos de los guerreros que seleccionó tenían la capacidad de practicar el Seidr u otra forma de chamanismo. Según la Saga de los Ynglings, algunos de los guerreros de Odín entraban en batalla como en trance. Actuaban como animales y no llevaban armadura. No se les podía hacer daño y ganaban batallas constantemente. Esto indica que llegaron a estar poseídos por los espíritus de los animales. Otras fuentes describen a estos guerreros cambiando de forma para convertirse en lobos y osos.

¿Qué es Seidr?

El seidr es una antigua forma de chamanismo nórdico. Además de los trances, también se basa en la magia para predecir el destino, identificar el propósito de uno en la vida y manipular el destino para crear los cambios deseados. Los practicantes hacían todo esto utilizando los trances y la magia para tejer simbólicamente los hilos del destino de forma que atrajeran las situaciones y acontecimientos deseados. Sus rituales y ceremonias solían comenzar con la entrada en trance, donde se comunicaban con el mundo de los espíritus y aprovechaban su sabiduría. Sus propósitos incluían lanzar maldiciones o bendiciones, traer empoderamiento y protección, o una profecía sobre acontecimientos futuros.

Los rituales Seidr también se utilizaban para la clarividencia, un método que permitía al practicante localizar objetos o pensamientos ocultos. También se utilizaba para atraer la abundancia y la buena suerte, asegurar una buena cosecha y cazar controlando el clima y conjurando a los animales. Cuando se utilizaba con fines malévolos, el Seidr se empleaba para inducir enfermedades, hacer estéril una tierra o impedir que un enemigo venciera en la batalla. En lugar de maldiciones, el practicante también podía decir a la gente falsas profecías para conducirles por el camino equivocado. Debido a estas falsas lecturas, los practicantes podían hacer que la gente hiriera y matara a sus adversarios, ya fuera en una batalla o en un simple desacuerdo. Aquellos que dominaban el arte de tejer o cambiar el destino eran conocidos como las Nornas. Se decía que eran los primeros y más competentes practicantes.

El dios Odín y la diosa Freya son dos importantes deidades vanir y æsir que dominaban el arte del Seidr. Como arquetipos divinos de los practicantes masculinos y femeninos, su dualidad desempeña un papel único en una práctica de género como el Seidr.

¿Qué es una völva?

Se creía que la diosa Freyja servía de modelo a Völva, una mujer practicante del Seidr. Según la tradición nórdica, Freyja fue la primera deidad que llevó la práctica del Seidr al reino de los dioses. Debido a sus poderes de sanación y a su capacidad para realizar magia y proporcionar guía espiritual, una Völva era un miembro muy respetado de su comunidad. Al ser ella misma una figura destacada, una Völva solía ser respetada y protegida por los líderes de su clan o tribu. A los practicantes masculinos de Seidr se les llamaba videntes, pero eran mucho más raros.

Una Völva vagaba por las ciudades y hacía magia a cambio de varias formas de compensación, incluido el alojamiento y la comida. Muchas sagas y poemas heroicos (entre los que destacan: La Saga de Erik el Rojo y La La visión del Völva, respectivamente) ofrecen descripciones detalladas de una Völva y sus prácticas.

Aunque se les trataba con respeto, a menudo se segregaba a los völvas de la sociedad. Esto tenía connotaciones tanto negativas como positivas. Por un lado, una völva era temida y a menudo estigmatizada porque podían lanzar poderosas maldiciones. También llevaban un estilo de vida nómada, lo que les diferenciaba de los demás. Sin embargo, también eran buscados y estimados porque la gente sabía lo mucho que podían ayudar a la comunidad. La figura de una Völva se compara a menudo con la Veleda, la profetisa germánica que era muy respetada entre su tribu.

Aunque hay pocas pruebas de que el seidr se practicara ampliamente entre los hombres, en la época vikinga se consideraba una actividad inapropiada para ellos. Tenían rígidas normas de género, asociando a los hombres con roles masculinos como la caza y la lucha en las batallas. Esto hacía que fuera vergonzoso para un hombre adoptar algunos aspectos de las prácticas femeninas. Los hombres que practicaban este arte eran tachados de poco viriles (el término común era *ergi*), un gran insulto en aquella época.

Una de las razones más notables para condenar al ostracismo a los practicantes masculinos de Seidr era el aspecto de tejido de la práctica, algo que sólo podían hacer las mujeres. A pesar de ello, algunos hombres seguían practicando el Seidr e incluso lo consideraban su ocupación.

Las herramientas de Seidr

Una de las herramientas más indispensables del Seidr era el bastón chamánico. Aunque hay pocas pruebas de su función, se cree que el bastón de Sidr permitía al practicante centrarse en su intención. También tenía un efecto de enraizamiento porque al colocarlo en el suelo, proporcionaba una conexión con la naturaleza. Podía atraer el poder de la naturaleza y concentrarlo. El bastón también podía actuar como herramienta de transporte cuando la práctica incluía un viaje.

Los practicantes de seidr utilizan a menudo hierbas⁹

Otras herramientas empleadas por las Völvas y otros practicantes del Seidr eran los amuletos y las hierbas, que actuaban como agentes protectores durante la práctica. El trabajo chamánico implica a menudo conectar con los espíritus, pero no todos son útiles o bienintencionados. Los amuletos también podían utilizarse para la adivinación, junto con las runas. A menudo se representaba a las Völvas con un manto azul, que utilizaban para guiar las almas de los difuntos hacia Hel. La propia Freyja recogía algunas de las almas, y las Völvas tenían las mismas habilidades.

Diferentes niveles de conciencia

Hay muchas formas de entrar en estados de trance, o "estados alterados de conciencia". Los chamanes y los grupos indígenas de todas las naciones creían que este estado era un puente entre el subconsciente y los reinos espirituales. Estar en este estado permite al practicante conectar más eficazmente con los espíritus y los seres divinos. Además de reunir sabiduría y conocimientos para utilizarlos en la vida, también les ayuda a elevar su espiritualidad.

Cuando entra en un estado de trance, no está ni dormido ni despierto. Estar en un estado alterado de conciencia requiere que viaje a través de diferentes niveles de conciencia.

Los 5 niveles de conciencia:

Nivel 1: Trance muy ligero - Requiere que sea más consciente de sus pensamientos, sentimientos y sensaciones físicas. Practicar la meditación consciente es una forma estupenda de alcanzar este estado.

Nivel 2: Trance ligero - Se trata de un nivel de conciencia similar al sueño que toda persona experimenta sin darse cuenta. Por ejemplo, cuando se encuentra perdido en sus pensamientos mientras ve una película, lee un libro o se olvida por completo de lo que está haciendo, está entrando en este estado.

Nivel 3: Trance medio - También conocido como estado de "flujo", el tercer nivel de conciencia es un poco más profundo que el anterior. En este estado de conciencia, se pierde la conciencia del tiempo, del entorno y de las sensaciones corporales.

Nivel 4: Trance profundo - La mayoría de la gente entra en este estado cuando se duerme o entra en hipnagogia, un estado de conciencia rápido y algo confuso que se produce justo antes de quedarse dormido. Se produce cuando su mente consciente se desconecta y cede el control al subconsciente. Este nivel de conciencia se caracteriza por imágenes mentales peculiares y a veces incluso alucinaciones.

Nivel 5: Trance muy profundo - Usted pierde completamente la consciencia durante esta etapa, y se describe como un sueño profundo y sin sueños. Durante el Seidr, los estados espirituales más eficaces se desbloquean durante los estados de trance ligero, medio o profundo.

Un ritual de limpieza Seidr

Este sencillo ritual de limpieza puede incorporarse fácilmente a su rutina de preparación para un viaje chamánico. Utiliza madera de enebro (puede sustituirla por cualquier otra madera o hierba sagrada pagana). En la antigüedad, el enebro se utilizaba para prácticas chamánicas, limpieza, invocación de espíritus o comunicación ancestral. El objetivo es purificarse de las influencias negativas y tener un viaje exitoso. Además de limpiarse a sí mismo, también puede utilizar este ritual para purgar su hogar de energías tóxicas.

Instrucciones:

1. Reúna sus maderas o hierbas y átelas en un manojo para crear un palito de sahumerio. También puede comprar uno ya hecho. Abra las ventanas para que la negatividad abandone su

presencia lo antes posible.

2. Haga un ejercicio rápido de meditación de enraizamiento utilizando su método preferido. Puede ser escuchar música de tambores, repetir un mantra, respirar o cualquier otra cosa que le ayude a centrarse.
3. Encienda su varita de sahumerio por un extremo y espere a que empiece a humear.
4. Comience a mover el palo alrededor del objeto, espacio o persona que desee limpiar. Si se trata de usted, envuélvase en una nube de humo. Si se trata de su espacio, camine en el sentido de las agujas del reloj, llevando el palo con usted. Deténgase y permanezca en las esquinas, ya que la negatividad tiende a acumularse en estos espacios.
5. Si va a utilizar alguna herramienta antes, durante o después del ritual Seidr, límpiela avivando humo sobre ella.
6. Cuando haya terminado, sumerja la varita en arena para apagarla. No sople sobre ella ni utilice agua, ya que podría ofender al espíritu con el que intenta conectar.

Un ejercicio de viaje seidr seguro

Antes de iniciar su viaje, debe tener una mente abierta, una intención clara, un lugar tranquilo para trabajar y una imagen en su cabeza de un punto de entrada a otro mundo. También pueden resultarle útiles herramientas adicionales como una venda en los ojos, música, audio de tambores y un palo (para que actúe como bastón).

Instrucciones:

1. Busque un lugar tranquilo donde no le molesten. Si está dentro, apague los aparatos electrónicos y pida a quien esté cerca que le deje en paz.
2. Túmbese o siéntese y relaje su cuerpo y su mente. Utilice el suelo y no su cama. De lo contrario, puede quedarse dormido en lugar de entrar en trance.
3. Haga unas cuantas respiraciones profundas, manteniendo cada una al final de la inhalación durante 3 segundos. Después, exhale hasta que haya expulsado todo el aire de sus pulmones. Lo ideal es que cada ciclo de inhalación-exhalación dure más que el anterior. Utilice el diafragma para profundizar la

respiración y hacer que dure más tiempo.

4. Si utiliza uno, póngase una venda en los ojos. Si no se siente cómodo utilizando una venda, puede trabajar en una habitación oscura y simplemente cerrar los ojos.

5. Declare su intención después de relajar la mente y ahuyentar todas las ideas inconexas. Asegúrese de que envía una señal clara de lo que quiere conseguir en este viaje. Al mismo tiempo, debe sonar más como un llamamiento respetuoso que como un objetivo que desea obtener a toda costa.

6. Ponga la música o el tambor y empiece a concentrarse en ello. Mientras lo hace, visualice el punto de entrada al mundo deseado y reitere en voz alta su intención un par de veces.

7. Una vez tenga la entrada delante, crúcela. Prepárese para prestar atención a su entorno utilizando todos sus sentidos. Puede que vea, oiga, huela o sienta cosas. No tema explorar los canales que se hayan abierto ante usted; podrían contener mensajes que desee explorar más a fondo.

8. Si experimenta algo negativo, puede elegir no prestarle atención. Si puede, vuelva sobre sus pasos o abra los ojos para abandonar ese mundo. El resto del viaje depende de su intención y propósito. Por ejemplo, si desea conectar con un espíritu ancestral o un guía espiritual animal, busque las señales de que le tienden la mano.

9. Si no está seguro de haberse encontrado con el espíritu adecuado, pregúnteselo. O bien, busque cuatro signos similares. Si encuentra cuatro signos similares, es un buen indicador de que un espíritu se está comunicando con usted.

10. Puede dedicar a su viaje todo el tiempo que desee. Sin embargo, el proceso puede resultar algo abrumador. Por ello, los principiantes deberían empezar con un recorrido de 8-10 minutos. Más adelante, a medida que adquiera confianza en su práctica, podrá aumentar el tiempo.

11. Si está utilizando una cinta de tambores chamánicos como base para su trance, elija los que señalan el momento de finalizar el viaje. Si está utilizando música, seleccione la que dure tanto como desee que dure el viaje. O bien, puede programar un temporizador que le indique cuándo debe finalizar sus viajes. Utilice un sonido de alarma sutil para evitar

que le saquen de su viaje.

12. Para regresar, vuelva sobre sus pasos hasta el punto de entrada. Camine despacio, memorizando su camino por si desea regresar en el futuro. De este modo, podrá ir y volver de ese mundo con mayor facilidad y eficacia.

13. Cuando haya regresado, quédese quieto un momento y no abra los ojos todavía. Reflexione un momento sobre su viaje y manténgase en tierra. Preste atención a cómo se siente - en su mente, cuerpo y espíritu. ¿Siente algo diferente que antes de su viaje?

14. Reflexione sobre las experiencias vividas y los mensajes recibidos. ¿Ha sido capaz de descifrarlos? ¿Identificó de dónde procedían y qué significaban? Si no es así, puede escribirlos y volver sobre ellos más adelante. A veces, los mensajes sólo se hacen evidentes después de reflexionar un poco.

Capítulo 7: Útiseta: Sentarse fuera, buscar dentro

Útiseta se traduce como "sentarse fuera" y es una forma de meditación para cualquiera que busque quietud y respuestas a preguntas apremiantes conectando con el Espíritu. Consiste en sentarse en un entorno natural, entrar en un trance ligero y realizar actos de magia. En este capítulo, descubrirá el origen del ritual Útiseta y aprenderá cómo lo utilizaban los Völvas en la antigüedad. También conocerá la importancia de la respiración y la concentración para este ritual. Por último, recibirá instrucciones prácticas para realizar la meditación Útiseta y el trabajo respiratorio que le permitirá concentrarse durante el ritual.

¿Qué es el ritual Útiseta y cuáles son sus orígenes?

Útiseta es un antiguo ritual de meditación practicado habitualmente por los völva y otros practicantes chamánicos de la religión nórdica. Aunque hay muy poca información sobre los orígenes exactos de esta práctica, se cree que sus raíces se encuentran en las tradiciones paganas germánicas. La forma en que los chamanes nórdicos practicaban la Útiseta parece apoyar esta creencia. Según la tradición, los Völva se adentraban en los túmulos funerarios de los antepasados muertos, se sentaban encima de ellos y meditaban hasta que invocaban al espíritu del antepasado y obtenían su sabiduría. Los völva eran poderosos chamanes y practicantes de la magia, y a menudo se aventuraban también en la adivinación. Sin embargo, se cree que la mayor parte del conocimiento obtenido por los völva procedía de los espíritus ancestrales. En esencia, utilizaban la Útiseta del mismo modo que la adivinación rúnica. Tanto si querían conocer el resultado de una batalla, decidir si atacar, retirarse, rendirse o saber si la cosecha del año sería un éxito, los völva podían consultar a los ancestros y obtener las respuestas.

En Uppsala, Suecia, los arqueólogos encontraron túmulos funerarios con la parte superior plana, lo que sugiere que fueron construidos teniendo en cuenta el ritual Útiseta. El trabajo de los Völva era claramente visible desde la parte inferior, y podían trabajar cómodamente. El ritual Útiseta a menudo requería mucho tiempo y concentración, lo que era física y mentalmente exigente para el practicante. A veces, las völvas recibían peticiones de varias personas, que buscaban respuestas sobre su futuro. Sentados en el cementerio, los Völva meditaban hasta encontrar las respuestas que se ocultaban a los demás.

La Edda Poética también hace referencia a Útiseta en un poema sobre el héroe Svipdagsmál. Necesitado de algún fortalecimiento espiritual, Svipdagsmál se sentó en el túmulo funerario de su madre. Meditó hasta que pudo despertar el alma de su madre. Ella le dio consejos y nueve amuletos mágicos que más tarde le ayudarían en sus aventuras.

Otro ejemplo de referencia a Útiseta en la Edda Poética procede del poema de Voluspa. En él, se describe a una Völva utilizando a Útiseta para obtener una profecía, que ella entregó a los hijos de Heimdal. Esta predicción en particular incluía todos los acontecimientos que ocurrirían en el mundo, incluido el Ragnarök.

La importancia de la respiración y la concentración

La Útiseta es bastante prolongada, lo que dificulta bastante el mantenimiento de la concentración. Cuanto más tiempo esté sentado o de pie concentrándose en su intención, más difícil le resultará a su cerebro excluir los pensamientos entrantes. Lo mismo ocurre con el cuerpo: cuanto más tiempo pase en una posición, más probable es que le distraiga haciéndole señales para que se mueva. Aquí es cuando resulta útil adquirir una respiración adecuada.

Además, la Útiseta no consiste sólo en despejar la mente. Se trata de entrar en un estado de conciencia alterada - similar a un trance. En este estado, puede conectar con los otros reinos y hablar con las deidades, sus antepasados y guías espirituales. El trabajo respiratorio también puede ayudarle a permanecer centrado en su intención de comunicarse con los seres de otros reinos y descifrar sus mensajes, independientemente de lo largo que sea el viaje.

La idea de la respiración también está ligada a Odín. Como uno de los tres hermanos (mitad dioses y mitad gigantes) que crearon el mundo y las personas, Odín tenía un papel innegable en la vinculación de todo con el mundo natural. Fue él quien insufló vida a los tres troncos de los que se crearon los primeros humanos. Se cree que las Völva y otros chamanes nórdicos podían conectar con esta esencia divina dadora de vida a través del trabajo respiratorio. Incluso hoy en día, los practicantes equiparan la concentración en una respiración con la idea de Odín dando vida -y la utilizan para fortalecerse a sí mismos a través de Odín. Utilizan este poder para mantenerse concentrados durante la Útiseta y obtener las respuestas que buscan.

La respiración artificial es un proceso de respiración controlada y consciente que se utiliza para despertar su yo interior. Cuando tiene control sobre su respiración, puede explorar la parte subconsciente de su mente. Es un viaje que le lleva de vuelta a su núcleo. Puede llegar a lugares más allá del reino de su intelecto y despertar antiguos recuerdos, lo que favorece una mejor comunicación espiritual durante la Útiseta. Puede utilizar su respiración para despertar su potencial espiritual, creatividad, memoria y fuerza de voluntad para una visualización y comunicación avanzadas. A través de su respiración, puede comunicarse con cada parte de su cuerpo para alinearlo con el poder de la naturaleza y utilizar todo lo que le rodea para obtener la sabiduría que busca. La respiración también puede ayudarle a sanar traumas y a resolver emociones que podrían interferir con la comunicación espiritual o dificultar su capacidad de concentración durante su trabajo.

¿En qué se diferencia la Útiseta del viaje?

La principal diferencia entre la meditación Útiseta y el viaje chamánico es la duración de la práctica. El seidr y otras formas de viaje chamánico no suelen durar más de 15-20 minutos. Para un practicante chamánico experimentado, 15 minutos es tiempo más que suficiente para buscar la información necesaria. Para los principiantes, también es tiempo suficiente para practicar, aunque no obtengan respuestas inmediatamente. La Útiseta, en cambio, es un ejercicio mucho más largo. Puede llevarle horas o incluso días completarlo, dependiendo de su nivel de experiencia y de las respuestas que busque.

Otra diferencia notable es que los chamanes suelen entrar en un estado de trance mientras viajan, mientras que, con la Útiseta, debe permanecer justo al borde de entrar en este estado para permanecer lo suficientemente consciente como para comunicarse con el espíritu con el que intenta conectar. No sólo eso, sino que usted entra en este estado a través de un camino guiado. Por ejemplo, puede escuchar tambores y entrar en trance para sanar un trauma o aprender algo de sus antepasados. O bien, puede viajar al mundo espiritual y encontrarse con los espíritus de allí.

Los estados de conciencia en el chamanismo nórdico son así:

- **Trance muy ligero** - Se consigue a través de la meditación y de un sencillo trabajo de respiración
- **Trance ligero** - Utilizado en Útiseta
- **Trance profundo** - Se consigue a través del viaje chamánico
- **Trance muy profundo** - Alcanzado a través de viajes chamánicos guiados o magia

La meditación Útiseta en los tiempos modernos

Hoy en día, la Útiseta se considera la encarnación espiritual de una experiencia de uno mismo como parte del mundo natural. Hay muchas maneras de que los practicantes modernos se experimenten a sí mismos como parte de la naturaleza. Una de ellas es encontrar un lugar para sentarse donde no les molesten cuando practiquen la meditación profunda. Puede empezar con una sencilla meditación de 15 minutos para ralentizar la respiración y calmar la mente. Escuchar los sonidos naturales que le rodean puede ayudarle con esto. Siéntase libre de volver a este lugar y hacer meditaciones más largas. Cuanto más se sintonice con el lugar, más fácil le resultará concentrarse durante periodos más largos en una sola sesión. Los practicantes experimentados realizan la Útiseta durante toda la noche, desde el atardecer hasta el amanecer.

Útiseta implica sentarse quieto en la naturaleza[10]

He aquí el testimonio de un practicante actual de Útiseta:

"Mi viaje comenzó justo antes de la puesta de sol, cuando el sol se hundía en el horizonte. La noche era tranquila y fría, y el cielo estaba nublado. Me senté en un lugar tranquilo, lejos de los demás, envuelta en mi capa. Tras profundizar en mi respiración, comencé a recorrer el paisaje y sólo me detuve cuando llegué a un roble centenario y al pozo que había junto a él. Toqué el amuleto que llevaba colgado del cuello. Me dejé caer en el pozo. Mientras viajaba hacia abajo, fui consciente del roble que había sobre mí, pero el tiempo se disolvió lentamente. Me sentí obligado a respirar profundamente, y cuando lo solté, estaba de pie en el suelo, habiendo resurgido del pozo. El cielo estaba mucho más oscuro y vi cuatro cuervos volando hacia el este. Como mi propósito era llegar hasta la diosa Freyja, empecé a rezarle. Vi una imagen de alguien que colocaba un cuenco de madera bajo el roble, vertía hidromiel en el cuenco y lo removía tres veces en el sentido de las agujas del reloj. Ofrecían el hidromiel a la diosa, pidiendo a cambio una buena cosecha. Leí las runas grabadas en el cuenco de madera y oí a la gente entonar una hermosa canción dedicada a Freyja. Concentrarme en esta canción me ayudó a estabilizar mi respiración y a centrarme en mi intención. Al cabo de un rato,

sentí que se formaba la respuesta. Me vi de pie en la sala de Freyjas, sintiendo la atracción de entrar. Me sentí acogida mientras observaba cómo ardían las velas. Sabía que estaba entre reinos, y mi respuesta apareció de repente en mi cabeza. Me sentí completa, y expresé mi gratitud. Cerré los ojos, y cuando los abrí, estaba de nuevo entre el mundo moderno, sentada en mi lugar apartado mientras el sol estaba a punto de salir". Chiara

Se aconseja a los principiantes que realicen la Útiseta siguiendo a un guía experimentado. Recuerde que este ejercicio increíblemente exigente requiere mucha concentración y fuerza de voluntad. Establecer contacto con alguien de otro mundo también puede resultar abrumador, por lo que siempre debe tener mucho cuidado con la forma de hacerlo. Un guía puede ayudarle a alcanzar el estado de conciencia deseado de forma segura y eficaz, para que pueda obtener la sabiduría que busca.

Incluso con un guía a su lado, no puede esperar sumergirse en la Útiseta inmediatamente. Antes de intentarlo, debe dominar las técnicas eficaces de respiración y meditación, que entrenarán su mente para concentrarse durante periodos de tiempo más largos y su cuerpo para permanecer relajado el tiempo necesario. Después de adquirir confianza en la meditación y el trabajo respiratorio, puede pasar a intentar entrar en un trance ligero. Practique esto también para sentirse cómodo trabajando en este estado y ver cómo puede utilizar sus poderes naturales mientras está en trance. Una vez que se sienta cómodo entrando en este trance ligero, puede pasar a hacer una meditación Útiseta.

Hoy en día, esta meditación en profundidad también puede realizarse con fines similares a los que utilizaban los nórdicos en la antigüedad. Puede utilizarla para obtener respuestas sobre acontecimientos futuros de antepasados y guías espirituales o pedirles su visión sobre una situación concreta. Sentarse al aire libre le permite reformar su tan necesaria conexión con la naturaleza y recibir inspiración o guía. Algunos practicantes utilizan la Útiseta como práctica de canalización, para aprovechar las energías de la naturaleza y el universo.

A muchos practicantes les resulta útil cubrirse con una capa o un chal para bloquear las distracciones visuales. Una vez que la persona restablece sus sentidos y bloquea las distracciones, suele quitarse la tela y mirar el mundo con nuevos ojos. Sus otros sentidos se agudizarán, lo que les ayudará a entrar en un estado de trance.

Ejercicios Útiseta

He aquí una forma fácil para principiantes de realizar la mediación Útiseta. Está diseñada para hacerse durante toda la noche, no sólo durante un par de horas. Sin embargo, si se siente incómodo haciéndola toda la noche, siéntase libre de reducir el tiempo. Al estar sentado en un lugar como principiante, probablemente se sentirá obligado a preguntarse si el ejercicio tiene un propósito. Esto es normal, pero sólo significa que debe entrenarse para ser más paciente. Es algo que les ocurre a todos los practicantes. Todos necesitan pasar por eso antes de poder comprender el verdadero significado espiritual de la práctica.

Consejos preparatorios

La Útiseta se realiza tradicionalmente en un túmulo o una colina de hadas. Sin embargo, suponga que no tiene túmulos cerca. En ese caso, las tumbas de sus antepasados también servirán, sobre todo si desea comunicarse con sus espíritus. Antes de embarcarse en su viaje de meditación, piense en su propósito. Establecer un motivo concreto para acercarse a las almas le ayudará a obtener mejores resultados. Por supuesto, puede salir y esperar hablar con un antepasado. Sin embargo, sin un propósito, no responderá a las preguntas ni podrá centrarse en esta búsqueda durante demasiado tiempo, además corre el riesgo de toparse con espíritus poco amistosos que pueden aprovecharse de usted. Tal vez no sea consciente de tener ninguna pregunta sin respuesta, pero aun así se siente completo para probar la Útiseta. Si este es el caso, considere por qué quiere hacerlo. Dicho esto, la pregunta no tiene por qué ser demasiado específica. He aquí algunos ejemplos de intenciones que puede plantearse:

"Tengo una pregunta que necesito que me respondan y deseo hablar con mis antepasados".

"Hay una parte de mí que no logro comprender, y necesito que alguien me proporcione claridad".

"Alguien ha acudido a mí con un problema para el que necesita ayuda, pero no sé cómo ayudarle".

"Mi perro mascota está enfermo y necesito saber qué hacer al respecto".

"Estoy aquí y me gustaría hablar con usted sobre..."

Instrucciones:

1. Encuentre un lugar apartado en la naturaleza y siéntese.
2. Empiece a prestar atención a lo que le rodea y a cómo experimenta su entorno.
3. Mire los árboles y las rocas. Observe la hierba, los pequeños animales y el viento en los árboles, y experimente los sonidos y los olores.
4. En primer lugar, concéntrese en una cosa cada vez, luego pase a dos y después concéntrese en cinco cosas a la vez. Esto último será todo un reto, sobre todo si no puede mantenerse quieto.
5. A continuación, concéntrese en su respiración y dirija su atención hacia usted. Si lleva una chaqueta, una capa o una sudadera con capucha, acerque sus bordes al cuerpo y póngase la capucha (si la tiene).
6. Ahora debe dejar de notar nada del exterior. Concéntrese en encontrar el núcleo de su ser. Esto podría llevarle entre 10 y 15 minutos y debería repetirlo durante una hora más o menos.
7. Entonces, puede, una vez más, expandir su atención hacia fuera, excepto que esta vez, irá más allá del límite de su cuerpo. Intente imaginarse experimentando su entorno, pero ya no como algo separado de usted.
8. En ese momento, deberá abrirse a la comunicación con seres de otros mundos.
9. Repetirá esto de 5 a 12 veces, dependiendo de cuántos espíritus pueda alcanzar y de cuánto tiempo esté dispuesto a buscar respuestas o poderes. Algunas entidades serán menos comunicativas, mientras que otras le ayudarán fácilmente.

Trabajo respiratorio para alcanzar un trance ligero

Respiración para principiantes

Para entrar en un trance ligero, tendrá que centrarse en su respiración. He aquí una forma fácil de empezar. Se recomienda hacer este ejercicio sentado. Evite tumbarse, ya que tener las piernas firmemente apoyadas en el suelo centra su mente durante el mismo. Quiere que la energía de la naturaleza trascienda su cuerpo y fluya a través de él de forma natural.

Instrucciones:
1. Siéntese en una posición cómoda y respire profundamente. Mientras inspira, cuente hasta cuatro.
2. Cuente hasta cuatro mientras retiene la respiración y suéltela mientras vuelve a contar hasta cuatro.
3. Si puede, empiece a prolongar el tiempo mientras exhala. Si no puede, limítese a contar hasta cuatro.
4. Repítalo hasta que empiece a alcanzar un nivel de conciencia más profundo. Sentirá esto cuando sienta que su conciencia le abandona.
5. Deje que suceda automáticamente. Siéntese y déjese llevar por la respiración.
6. Debe perder la conciencia de su cuerpo como si ya no existiera. Sólo existe su alma - y ahora es libre de viajar y comunicarse con otras almas.
7. Aunque el propósito de este ejercicio de luz no es la comunicación espiritual, si se encuentra con otros espíritus, siéntase libre de hablar con ellos. Si no, no se preocupe. Por ahora, alcanzar el trance de luz es un resultado perfectamente aceptable.

Respiración para abrir el corazón

Este sencillo ejercicio de respiración le ayudará a centrarse en su respiración y le facilitará la entrada en un trance ligero.

Instrucciones:
1. Póngase de pie en el suelo (preferiblemente en un lugar tranquilo en la naturaleza).
2. Cierre los ojos y abra el corazón mientras siente los efectos enraizantes de la naturaleza.
3. Respire hondo y suelte. Repítalo un par de veces hasta que esté listo para visualizar.
4. Cuando esté preparado, imagine un vasto mundo en el ojo de su mente. Este mundo no se ve a sus ojos, pero poco a poco se revela ante usted.
5. Siga respirando profundamente y suelte el aliento lentamente. Sienta la fuerza de la naturaleza que le rodea en el nuevo mundo. Sienta la vida que fluye a través de todo ello.

Capítulo 8: Magia rúnica y adivinación

Las runas son símbolos antiguos que tuvieron varios propósitos a lo largo de la historia del paganismo nórdico - y este capítulo los descubrirá todos. Verá cómo su uso evolucionó desde complejos instrumentos de comunicación hasta simples herramientas de adivinación. También encontrará muchas guías sobre cómo seleccionar, consagrar, lanzar y trabajar con las runas.

Ejemplos de runas[11]

La historia de las runas

La información obtenida a través de los registros históricos y la tradición nórdica sugiere que las runas fueron utilizadas predominantemente como herramientas de comunicación por las antiguas tribus germánicas. La primera prueba conocida de escritura rúnica procede de una talla que data del año 400 a. C. Cuando los paganos germánicos empezaron a utilizar las runas como letras (conocidas como pentagramas), las organizaron en un alfabeto. Sin embargo, para los antiguos nórdicos, el significado de cada pentagrama no era tan sencillo como el de las letras en la mayoría de las lenguas actuales. Según sus creencias, cada runa simboliza un aspecto de la vida, una forma específica o un pensamiento universal. Las runas sólo eran utilizadas por los miembros más cultos de la tribu. Empleaban las runas para registrar acontecimientos y profecías que afectaban a su comunidad o para intercambiar información y forjar alianzas con los vivos y los espíritus.

En nórdico antiguo, el significado principal del término runa es "enigma" o "mensaje encubierto". Creían que las runas tenían propiedades mágicas que permitían a la gente enviar y recibir mensajes de seres superiores, inducir a las deidades, espíritus ancestrales, animales y objetos mágicos. Los antiguos nórdicos también creían que las runas podían desvelar los secretos de los acontecimientos futuros.

En el alfabeto nórdico, cada runa recibía el nombre de lo que tradicionalmente representaba mágica y espiritualmente. Los registros más antiguos muestran que los pentagramas se grababan inicialmente en tablillas de piedra, que quedaban como testimonio de los logros de una tribu concreta. A medida que avanzaba su conocimiento de las runas, los nórdicos empezaron a inscribirlas en pequeños trozos de hueso, piedra, madera o metal y a llevarlas a todas partes para poder utilizarlas con distintos fines. La forma en que se representa cada runa depende de cómo suene su nombre y de la letra que represente en el alfabeto nórdico. Por ejemplo, la runa Tiwaz se muestra como una flecha apuntando hacia arriba. Esto representa a la runa como el símbolo de Tyr, el dios nórdico de la guerra, conocido por su costumbre de viajar por el cielo.

El alfabeto rúnico se denomina "Futhark", que es una abreviatura de las runas Fehu, Uruz, Thurisaz, Ansuz, Raidho y Kennaz. Éstas eran las seis primeras runas del alfabeto rúnico más antiguo conocido, el Futhark Antiguo. Este alfabeto contiene 24 runas, que equivalían a un gran número de letras de la lengua inglesa antigua. El Futhark antiguo se sigue utilizando hoy en día para la adivinación. Las runas de este alfabeto se dividen en tres Aetts, que están regidos por tres de las deidades nórdicas más poderosas, Freyr, Heimdal y Tyr. Cada aett representa también una etapa específica de la vida: un éxito temprano, un fracaso y la prosperidad a pesar de los obstáculos de la vida.

El significado de las runas

Las runas del Futhark antiguo tienen varios significados, a menudo abiertos a la interpretación del lector. Dicho esto, he aquí los aspectos de la vida a los que se asocia cada runa, junto con sus símbolos.

ᚠ- Fehu

Pronunciada "FEY-ju", el nombre de esta runa se traduce como "ganado". Fehu puede indicar abundancia, ganancia material, riqueza, suerte, esperanza, propiedad y fortuna. También puede simbolizar el cumplimiento de sueños y metas en los distintos aspectos de la vida.

ᚢ- Uruz

Pronunciada "UU-ruuz", Uruz significa "buey salvaje". Al igual que este animal sagrado, la runa se asocia con la fuerza de voluntad, la fortaleza, el valor, la perseverancia, la resistencia, la vitalidad, los buenos tiempos y la salud. Se cree que Uruz tiene el poder de forjar el propio destino.

ᚦ - Thurisaz

Pronunciada "THUR-ii-sazh", esta runa en inglés significa "gigante". Simboliza el martillo de Thor, la protección, la defensa, las fuerzas perturbadoras, el ataque o el peligro. Thurisaz también puede significar que debe alterar el curso de su vida para obtener el poder divino.

ᚨ - Ansuz

Pronunciada "AHN-suuz", el nombre de esta runa puede traducirse como "revelación". Se asocia con el dios nórdico Odín y su capacidad de comunicación. Por ello, la runa representa la capacidad mental, la boca y los órganos necesarios para el habla. También puede simbolizar otras deidades nórdicas con las que puede comunicarse a través de mensajes y perspicacia.

R - Raidho

Pronunciada "Rah-IID-o", esta runa significa "viaje a caballo" en inglés. Puede señalar cualquier forma de movimiento, la decisión consciente de trabajar por sus objetivos, el progreso en la vida, el crecimiento espiritual y las nuevas perspectivas.

⟨ - Kenaz

Pronunciado "KEN-ahz", Kenaz es un término nórdico que significa úlcera. También puede significar antorcha, iluminación, transformación, propósito, pasión o perspicacia. Muchos ven la runa como un signo de una vocación superior hacia el seguimiento de los propios sueños. Kenaz también puede significar que no puede dejar que las influencias externas afecten a su vida.

X - Gebo

Pronunciada "GAY-bo", esta runa se traduce como "regalo". Se considera un signo de gratitud o la necesidad de intercambiar algo mediante ofrendas. Los practicantes utilizan Gebo para obtener ayuda, bendiciones, asociación, servicio o suerte a través de actos de generosidad y caridad.

P - Wunjo

Pronunciada "WUUN-yo", esta runa simboliza la alegría y el bienestar. Puede significar el cumplimiento de los sueños y un estado de satisfacción. Sin embargo, Wunjo también puede significar que su felicidad puede verse amenazada por un cambio inminente. A través de las pérdidas y las pruebas de fuerza, la runa le permite mantener la capacidad de crecer y prosperar.

H - Hagalaz

Pronunciada "HA-ga-lah", esta runa se traduce como "granizo". Denota dificultades que podrían detener o retrasar sus planes. También puede referirse a una entrada externa o a la influencia destructiva de la naturaleza. A pesar de esto último, Hagalaz puede cambiar la vida de uno para mejor.

✝ - Naudhiz

Pronunciado "NAWD-hiiz", Naudhiz significa "necesidad" en inglés. También puede destacar la resistencia, la dificultad para prosperar, la carencia o la angustia. Suele simbolizar la necesidad de superar un obstáculo, la encarnación de sus deseos y la necesidad de prestar atención a sus problemas y deseos incumplidos.

l - Isa

Pronunciada "II-sa", esta runa se traduce como "hielo". Simboliza un apresurado periodo de quietud en el que todo se detiene para que pueda ver los cambios que necesita hacer. Isa es la clave del éxito de la autorrenovación, ya que le impide seguir los mismos viejos patrones y quedarse estancado.

◊ - Jera

Pronunciada "YERA-a", Jera suena casi idéntica a su traducción al inglés: year. Esta runa representa la cosecha, el ciclo de la vida y la naturaleza, la recompensa por el trabajo duro y el final de una era. También simboliza los nuevos comienzos, las oportunidades de crecimiento y la obtención de abundancia y sabiduría.

ʃ - Eihwaz

Pronunciada "AY-wahz", esta runa se traduce como "tejo". Según la mitología nórdica, el tejo encarna la sabiduría suprema. Su símbolo representa formas de desvelar los misterios de la vida, conectar con la energía y el conocimiento divinos sagrados y encontrar inspiración, estabilidad y estabilidad.

ᛈ - Perthro

Pronunciado "PER-thro", Perthro transmite destino, profecía, misticismo y ocultismo. También puede simbolizar la fertilidad, la autoconciencia y nuevas oportunidades para aumentar su fortuna. Esta runa es un indicio de que su futuro depende de sus elecciones actuales.

Y - Algiz

Pronunciada "AL-giiz", esta runa significa "alce". Este animal se asocia con la buena suerte, la protección, el valor y el despertar espiritual. Es una señal de que debe recurrir a su intuición para encontrar la conexión con su yo superior.

ᛊ - Sowilo

Pronunciado "So-WII-lo", Sowilo se traduce como "Sol". Encarna la vitalidad, la abundancia, el consuelo, la motivación y la alegría. Sean cuales sean los obstáculos a los que se enfrente en la vida, esta runa le proporciona la seguridad de que los superará.

↑ - Tiwaz

Pronunciado "TII-wahz", significa "el dios Thor". Transmite todos los atributos de esta deidad nórdica, como la audacia, el liderazgo, el honor, la fuerza divina y el coraje. También puede representar su capacidad para hacer sacrificios y prosperar a pesar de los obstáculos a los que se enfrente.

ᛒ - Berkano

Pronunciado "BER-Kah-no", Berkano se traduce como "abedul" o "la diosa del abedul". Se asocia con el renacimiento, la fertilidad y los nuevos comienzos. La runa también puede apuntar al potencial de crecimiento y a encontrar formas creativas de empezar de nuevo tras una experiencia desafiante.

ᛖ - Ehwaz

Pronunciada "IH-wahz", esta runa significa "caballo". En la mitología nórdica, este animal es el símbolo de la confianza. Además de esto, la runa puede simbolizar el compañerismo, la fe en su progreso y la asociación. También puede representar el instinto animal, la necesidad de ayuda o el deseo de avanzar en su vida.

ᛗ - Mannaz

Pronunciada "MAN-Naz", Mannaz es el equivalente de la palabra inglesa "man". La runa encarna la humanidad, la mortalidad y el equilibrio entre la vida y la muerte. También puede simbolizar los valores humanos y las habilidades que uno desarrolla a lo largo de la vida.

ᛚ - Laguz

Pronunciada "LAH-guuz", esta runa tiene varios significados. Laguz se asocia principalmente con el agua y la fluidez, la conciencia interior, lo desconocido y el potencial. También puede denotar sueños, imaginación y tener el corazón abierto incluso en tiempos difíciles.

◇ - Ingwaz

Pronunciada "ING-wahz", esta runa recibe su nombre del dios de Ingwaz. Su significado está ligado a los nuevos comienzos y a desvelar el propio potencial aprovechando las nuevas energías, la sabiduría ancestral o el uso de la sexualidad. También encarna la paz, el bienestar y el crecimiento espiritual.

ᛟ - Othala

Pronunciada "OH-tha-la", esta runa significa "herencia" en inglés. Se asocia con la herencia, la sabiduría ancestral, la nobleza, el regreso al hogar, la propiedad y los talentos ocultos. También puede sugerir que sus valores residen en su legado y conexión con su comunidad.

ᛞ - Dagaz

Pronunciado "DAH-gahz", Dagaz es un término nórdico para "día". Encarna la inspiración, la posibilidad de despertar, la esperanza, el equilibrio, los cambios al comienzo del día y el inicio de un nuevo ciclo. También puede denotar crecimiento espiritual, felicidad, claridad y autoconciencia.

Adivinación rúnica

Según el poema eddico "Hávamál", las runas fueron reveladas a la gente por el propio Odín. Descubrió las runas y su poder durante su calvario mientras pasaba nueve días y nueve noches colgado del Yggdrasil. Tras la novena noche, miró hacia abajo, vio las runas y éstas le indicaron cómo liberarse. Al darse cuenta de que las runas encerraban aún más sabiduría de la que él poseía, Odín las compartió con los demás dioses y diosas. Les enseñó su significado y cómo utilizarlas y, a su vez, ellos transmitieron estos conocimientos al pueblo.

Profetizar los resultados futuros con runas (la práctica conocida como lanzamiento de runas) es uno de los métodos adivinatorios más sencillos. De forma similar a las lecturas del Tarot, las runas se lanzan o se colocan sobre una superficie plana y después se interpretan. Las runas pueden lanzarse al azar o siguiendo un patrón específico, en cuyo caso cada runa tiene un propósito concreto. La adivinación rúnica sólo puede darle respuestas a preguntas sencillas que le ayuden a hacerse una idea más clara de su futuro. No es adivinación y no le dará respuestas concretas. Aunque las runas pueden revelar diferentes influencias relacionadas con sus consultas, nunca le mostrarán un momento concreto del día en el que ocurrirá algo. Las runas denotan la puerta de entrada a su subconsciente a través de su intuición. Al acceder a su subconsciente y utilizarlo para descifrar los símbolos rúnicos que tiene delante, podrá encontrar las respuestas que ya están en su subconsciente.

Antiguamente, las runas eran símbolos tallados en pequeños palos hechos con ramas de árboles que contenían nueces. Tradicionalmente, las runas se lanzaban al azar sobre un trozo de tela blanca tras un pequeño ritual. Éste consistía en que el lanzador de runas rezaba una rápida plegaria a los dioses o espíritus a los que pedía ayuda para interpretar los resultados y miraba al cielo mientras lanzaba las runas frente a él. Entonces interpretaban los resultados según sus preferencias y tradiciones.

Seleccionar sus runas

Hoy en día, puede comprar runas prefabricadas y kits completos de fundición rúnica. Pueden estar hechas de piedra, madera o incluso cristales. Los cristales llevan su propia energía mágica intrínseca, pero se les puede infundir su poder o el de la naturaleza. También puede fabricar su propio juego de runas. Esto fomentará una conexión más fuerte entre su energía y las runas, facilitando que su intuición capte el significado de las runas. Tanto si compra como si crea sus propias runas, seleccionar las adecuadas es crucial para que funcionen para usted.

He aquí cómo seleccionar su kit de runas:

1. Coloque las manos sobre las runas y compruebe si tiene alguna reacción ante ellas.
2. Escuche a su instinto: percibirá las runas con las que tiene alguna conexión.
3. Si se siente atraído por las runas, coja algunas de ellas (o todas en una bolsa o caja) e intente sentir su energía.
4. Éstas son las adecuadas para usted si siente una clara conexión con las runas.

Consagrar sus runas

Después de crearlas o seleccionarlas, debe consagrar sus runas. Esto le ayudará a conectar con las runas antes de utilizarlas para la adivinación. Necesitará una gran concentración para hacerlo, así que asegúrese de no estar demasiado preocupado por otras cosas como para concentrarse en su tarea. He aquí una forma fácil para principiantes de consagrar sus runas:

1. Coloque las runas frente a usted y una vela junto a ellas en su altar o mesa.
2. Encienda la vela y concéntrese en su llama mientras respira profundamente unas cuantas veces para ayudarle a concentrarse.

3. Coja una runa, recite su nombre en voz alta y pásela sobre la llama de la vela.

4. Repita la operación con el resto de las runas.

5. Cuando haya terminado, guarde las runas en una bolsa o caja protectora para mantenerlas alejadas de influencias negativas hasta que necesite utilizarlas.

Lanzar e interpretar las runas

He aquí una forma sencilla de lanzar e interpretar las runas:

1. Coloque un paño blanco sobre su altar, mesa u otra superficie sobre la que desee trabajar.

2. Formule una pregunta en su mente. Para empezar, formule preguntas que puedan responderse con un "Sí" o un "No". Éstas sólo confirmarán lo que ya sabe en su subconsciente, pero le ayudarán a cogerle el truco a escuchar a su intuición.

3. Coja la bolsa o la caja de runas y lance las runas sobre la tela.

4. Mire hacia el cielo, y si desea llamar a un guía para que le ayude a interpretar las runas, hágalo.

5. A continuación, mire las runas e intente interpretar su significado. Intente interpretar una runa cada vez.

6. El significado simbólico de una profecía depende totalmente de su interpretación. Por ejemplo, Jera significa "cosecha", lo que puede interpretarse como cosechar los frutos de su trabajo.

7. Sin embargo, cuando surja, tendrá que preguntarse si está esperando recompensas por algún trabajo que haya realizado recientemente.

8. Si el primer pensamiento que tiene al mirar a Jera es que está ante una nueva oportunidad en lugar de una recompensa, probablemente éste sea el significado correcto en ese momento.

Lectura de una tirada de runas

Una vez que domine la lectura de una runa, puede pasar a una tirada de tres runas. He aquí cómo hacerlo:

1. Respire hondo, saque tres runas y colóquelas frente a usted en línea horizontal.

2. El del medio refleja su situación actual y sus acciones.

3. El de la izquierda muestra las influencias del pasado.

4. Mientras que la runa de la derecha ilustra el resultado futuro más probable de sus acciones presentes.

Creación de sus propios amuletos y hechizos

Aunque puede utilizar encantamientos y hechizos preexistentes, crear los suyos propios los hará aún más poderosos. Sin embargo, para ello, tendrá que entender cómo la posición de las runas influirá en su eficacia en un encantamiento o hechizo. He aquí las posiciones a tener en cuenta:

- **Posición directa:** Indica sus valores y simbolismo más indicativos.
- **Runas invertidas:** Relacionadas con el significado directo de las runas, pero de forma algo exagerada.
- **Posición de espejo:** Utilícelas para hacer runas de ligadura, pero tenga precaución porque tienen el poder de atrapar energía y proporcionan muy poco a cambio.

Cuando haga sus propios hechizos y amuletos, debe trabajar su técnica de visualización y agudizar su intuición al máximo. He aquí cómo hacerlo:

1. Visualice su intención hasta que se convierta en una palabra que pueda ver delante de usted. Una simple palabra puede ser tan poderosa que baste para surtir efecto. Puede crear hechizos rúnicos o amuletos a partir de palabras compuestas si tiene más confianza.
2. Alternativamente, puede inscribir hechizos completos en su herramienta mágica rúnica. Por ejemplo, puede utilizar hechizos de protección, fertilidad o invocación de guías.
3. Repita la visualización de la runa que está utilizando hasta que pueda hacerlo con confianza. Cuanto más fácil le resulte hacerlo, más eficaz será su magia.
4. Si tiene problemas para visualizar las runas, elija una de una mesa que tenga delante e intente imaginársela con los ojos cerrados. Pruebe primero con imágenes en blanco y negro y luego pase a las de color.
5. Cuando domine la forma de las runas, puede añadir texturas o imágenes a sus formas. Intente encontrar las imágenes que mejor representen su núcleo de significado y céntrese en ellas cuando intente visualizarlas.

6. Una vez que pueda conectar con su núcleo de significado, podrá memorizar los detalles que necesitará cuando intente crear las runas que mejor describan su intención.
7. A continuación, en función de su objetivo, seleccione el material que va a utilizar. Si tiene un objetivo a largo plazo, necesitará algo resistente, como piedra o madera. Si tiene un objetivo a corto plazo, le bastará con papel.
8. No olvide tener en cuenta si desea crear un hechizo, un talismán u otra cosa. Por ejemplo, si está creando un amuleto protector para usted, necesitará llevarlo consigo para que surta efecto. En este caso, puede crear un colgante para un collar, que podrá llevar allá donde vaya.
9. Sin embargo, si necesita protección para su hogar, una obra de arte para colgar en sus paredes sería una elección más adecuada.
10. Talle la runa en la superficie deseada mientras está sentado en un ambiente tranquilo. Puede meditar previamente para relajar la mente y dejar que se concentre en la tarea.
11. También puede repetir la meditación cuando haya terminado su trabajo. No olvide agradecer a sus guías su ayuda.
12. Guarde la runa en algún lugar donde pueda verla siempre que necesite recurrir a su poder. Una vez que haya alcanzado su objetivo, podrá destruir la runa.

Capítulo 9: Runas ligadas y Sigilos

El uso de símbolos y sigilos ha sido parte integrante de la espiritualidad humana y de las prácticas mágicas durante milenios. En el paganismo nórdico, el uso de runas ligadas ocupa un lugar importante tanto en las prácticas históricas como en las modernas. Las runas ligadas, también conocidas como sigilos rúnicos, son símbolos creados combinando dos o más letras rúnicas para formar un diseño único con un significado y un propósito específicos.

Históricamente, las runas ligadas se utilizaban en las antiguas culturas germánicas y nórdicas para transmitir la identidad personal o familiar, protección e intención mágica. Por ejemplo, los guerreros vikingos tallaban runas ligadas en sus armas o escudos para imbuirlos del poder

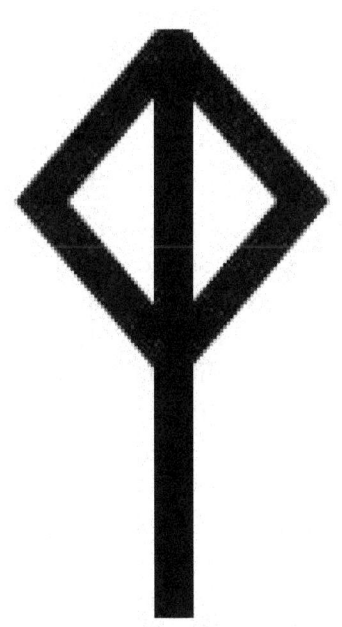

Runas ligadas Ing[12]

de las runas y protegerse en la batalla. También se utilizaban en la vida cotidiana para alejar las energías negativas o promover la prosperidad y la buena suerte.

Hoy en día, las runas ligadas siguen desempeñando un papel esencial en las prácticas mágicas modernas y en el paganismo nórdico. Se utilizan en hechizos, meditaciones y prácticas rituales para manifestar intenciones, protegerse y conectar con las energías de las runas. Además, crear una runa ligada personal puede ser una herramienta poderosa para la autoexpresión, el crecimiento personal y el desarrollo espiritual.

Este capítulo le proporcionará una visión en profundidad de las complejidades de las runas ligadas y su significado en el paganismo nórdico. Además, aprenderá a crear y consagrar sus runas ligadas utilizando energía elemental y diversos métodos de activación. Esta exploración de las runas ligadas le proporcionará las herramientas necesarias para crear un símbolo de poder personalizado que puede ayudarle a manifestar sus intenciones, conectar con las energías de las runas y profundizar en su práctica espiritual.

Tipos de runas ligadas

Las runas ligadas se clasifican en diferentes tipos en función de factores como el tipo de runas utilizadas, su diseño y su finalidad o función.

1. Runas ligadas superpuestas

Las runas ligadas superpuestas, también conocidas como runas ligadas de intersección, son un tipo de runas ligadas que consiste en superponer dos o más runas para crear un nuevo símbolo. Estas runas se seleccionan cuidadosamente en función de sus significados y propiedades individuales y se combinan de forma que creen un símbolo nuevo y más complejo con un propósito o intención específicos.

Un ejemplo de runa ligada superpuesta es el Vegvísir, utilizado a menudo como símbolo protector en el paganismo nórdico. El Vegvísir se creó superponiendo varias runas diferentes, incluidas las runas Othala, Algiz e Isa. La runa Othala es una línea recta de la que salen dos líneas diagonales, mientras que la runa Algiz parece un rombo con dos líneas diagonales que salen de la parte superior. Por último, la runa Isa parece una línea recta vertical.

Cuando estas runas se superponen, crean un símbolo complejo que proporciona guía y protección al portador. Las runas ligadas superpuestas también pueden utilizarse para otros fines, como la sanación, la manifestación y la creatividad.

2. Runas ligadas apiladas

Las runsa ligadas apiladas, por otro lado, son un tipo de runa ligada lineal que implica la combinación de dos o más runas apiladas una encima de otra. Este tipo se utiliza a menudo en la magia moderna y puede verse en diversos símbolos, logotipos y diseños.

Un ejemplo de runa ligada apilada es el moderno símbolo Bluetooth, creado superponiendo las runas de la "H" y la "B" para crear un símbolo nuevo y más complejo. Las runas ligadas apiladas se utilizan a menudo con fines específicos, como la comunicación, la protección o la manifestación, y se elaboran cuidadosamente para incluir las runas y el simbolismo apropiados para el fin perseguido.

3. Runas ligadas lineales

Las runas ligadas lineales combinan dos o más runas de forma lineal a lo largo de un mismo eje. Esto puede implicar superponer las runas o colocarlas una al lado de la otra. Al crear una runa ligada lineal, las runas específicas utilizadas y su colocación son consideraciones importantes. Cada runa tiene un significado específico y una energía asociada a ella, y la combinación de estas energías puede crear un símbolo poderoso con un propósito específico. Por ejemplo, la runa ligada de Odín combina las runas Othala, Dagaz e Isa de forma lineal. La runa Othala representa la herencia y la propiedad, la runa Dagaz representa la transformación y los nuevos comienzos, mientras que la runa Isa representa la quietud y la concentración. Cuando estas tres runas se combinan de forma lineal, crean un poderoso símbolo que puede ayudar al usuario a manifestar nuevos comienzos y a centrarse en la consecución de sus objetivos.

4. Runas ligadas de bastón

Las runas ligadas de bastón, o runas ligadas radiales, combinan varias runas que parten de un punto central común. Este tipo de runa ligada se utiliza comúnmente para protección o como amuleto. Un ejemplo de runa ligada de pentagrama es el Yelmo del Pavor, que combina las runas Algiz, Raido y Othala. La runa Algiz representa la protección y la defensa, la runa Raido representa el movimiento y el viaje, mientras que la runa Othala representa la herencia y la propiedad. Cuando estas tres runas se combinan radialmente, crean un poderoso símbolo que proporciona protección y seguridad a su portador.

Además, algunas runas ligadas están diseñadas para funcionar como sigilos, símbolos cargados de intención mágica para lograr un resultado específico. El diseño puede personalizarse combinando runas específicas de forma única y significativa e incorporando líneas, curvas o símbolos adicionales a la estructura básica. A continuación, el sigil de runa ligada se carga con la intención mágica a través de diversos métodos, como la visualización, la meditación o las prácticas rituales.

Los sigilos de runas ligadas se utilizan en magia y rituales para manifestar un resultado deseado, como la protección, el éxito o el amor. Pueden crearse para uso personal o compartirse con otros para invocar una energía o intención específica. Una vez cargado, el sigilo de runa ligada puede utilizarse de varias formas, como dibujándolo en un trozo de papel o tallándolo en un trozo de madera o piedra. Algunos practicantes también llevan consigo el sigilo de runa ligada o lo incorporan a su altar personal o espacio sagrado.

El poder de un sigilo de runa ligada reside en su capacidad para combinar las energías de múltiples runas en un único símbolo cargado con una intención específica. El diseño puede adaptarse a las necesidades y deseos específicos del practicante, lo que la convierte en una herramienta altamente personalizada y eficaz en la magia y los rituales. Sin embargo, la eficacia de un sigilo de runa ligada depende de la concentración y la intención del practicante, así como de su conexión con la energía y el simbolismo de las runas utilizadas para crearlo.

Elaboración de runas ligadas: Guía paso a paso

Elaborar su propia runa ligada es un proceso divertido y creativo que puede aportarle una sensación de empoderamiento y ayudarle con rituales específicos en su práctica. Antes de empezar a garabatear runas en un trozo de papel, debe comprender los significados de cada runa individual. Mezclar las equivocadas puede tener consecuencias imprevistas o incluso anular el resultado previsto. Sin embargo, no deje que esto le intimide. La mejor forma de aprender es haciendo, y la práctica hace al maestro. Empiece con un sigilo sencillo de dos runas para un objetivo a corto plazo, y no tema experimentar. Mire otras runas de unión hechas por expertos, analícelas y vea cómo funcionan. Hay muchos alfabetos rúnicos entre los que elegir, pero como principiante, el Futhark antiguo es el más común para empezar. Una vez que haya adquirido un conocimiento suficiente de las runas, siga esta guía paso a paso. Recuerde, las posibilidades son infinitas, así que deje fluir su creatividad y ¡diviértase!

1. Visualice el resultado deseado

Antes de empezar a elegir runas, tómese un tiempo para visualizar lo que quiere conseguir y los pasos que debe dar para lograrlo. Una vez que tenga una imagen clara de su objetivo, podrá elegir las runas que correspondan a su resultado deseado. Recuerde prestar atención a los significados de cada runa individual y cómo pueden trabajar juntas para crear un sigilo poderoso.

Digamos que quiere crear una runa ligada para el éxito en su búsqueda de empleo. El primer paso sería visualizar cómo es el éxito en su búsqueda de empleo. Quizá sea conseguir el trabajo de sus sueños, o quizá sea simplemente conseguir más entrevistas. Una vez que tenga una imagen clara del resultado deseado, considere qué cualidades o atributos necesita para tener éxito. Por ejemplo, puede que necesite confianza en sí mismo, habilidades de comunicación o capacidad para establecer contactos. A continuación, puede elegir runas que representen esas cualidades y combinarlas en una runa ligada que represente su objetivo.

2. Seleccione las Runas

Cuando seleccione las runas para su runa ligada, tómese un tiempo para considerar realmente cada una y sus significados. Este paso es crucial, ya que cada runa que elija influirá en la intención general y la eficacia de su runa de ligadura. Un consejo útil es investigar las runas y sus significados. Dedique algún tiempo a comprender el simbolismo que hay detrás de cada runa y cómo se han utilizado históricamente. Esto le ayudará a tomar decisiones más informadas a la hora de seleccionar qué runas incluir en su runa de ligadura.

También debe evitar complicar demasiado las cosas. Para los principiantes, es mejor limitar sus opciones a dos o tres runas, e incluso para los practicantes más experimentados, suele ser mejor mantenerlo simple con cinco como máximo. De este modo, podrá asegurarse de que cada runa que incluya tenga un propósito claro y contribuya al objetivo general de su runa de ligadura.

Por ejemplo, si su objetivo es conseguir un nuevo trabajo, podría seleccionar las runas que representan el éxito, la comunicación y la prosperidad. En este caso, podría elegir las runas Raidho (que simboliza los viajes y los desplazamientos), Ansuz (que representa la comunicación y la inspiración) y Fehu (que significa riqueza y prosperidad). Juntas, estas tres runas crearían una runa de unión que se centra en la búsqueda del éxito y la prosperidad.

3. Cree su diseño

Ahora que ha seleccionado las runas que mejor se adaptan a su intención, es el momento de crear su propia runa de ligadura única. Coja papel y bolígrafo y empiece a dibujar todas las combinaciones que pueda. No se preocupe por cometer errores; se trata de un proceso creativo y no hay una forma correcta o incorrecta de hacerlo. Si se siente atascado, tómese un descanso y haga otra cosa para despejar la mente. A veces el diseño perfecto vendrá a usted de forma inesperada, como en un sueño o mientras da un paseo. Cuando vuelva a sus bocetos, elija los que más le resuenen. Mírelos más de cerca para ver si han aparecido runas ocultas o invertidas, ya que éstas pueden afectar al propósito de su hechizo.

Continuando con el ejemplo anterior, puede crear un diseño para su runa ligada creando una línea horizontal con la runa Raidho en el extremo izquierdo, la runa Ansuz en el centro y la runa Fehu en el extremo derecho. O, para añadir una capa extra de significado, las tres runas también podrían colocarse verticalmente, con Raidho en la parte superior, Ansuz en el centro y Fehu en la parte inferior. Esta disposición puede representar un viaje hacia la prosperidad, en el que la comunicación y la inspiración desempeñan un papel crucial para alcanzar el éxito.

4. Seleccione el material

Elegir el material adecuado para su runa ligada es un paso esencial del proceso. El material que utilice puede tener un impacto significativo en la eficacia de la runa ligada. Al seleccionar el material, debe tener en cuenta el propósito de su runa ligada y cómo pretende utilizarla. Si la está creando para un objetivo a largo plazo, lo mejor es elegir un material que pueda resistir la prueba del tiempo, como la piedra o la madera. Estos materiales se han utilizado durante siglos en prácticas mágicas y son conocidos por su durabilidad. Por otro lado, si su runa ligada es para un objetivo a corto plazo, puede bastar con papel normal o cartón.

Al seleccionar el material, también debe tener en cuenta cómo piensa utilizar la runa ligada. Si desea llevarla como collar, puede utilizar un pequeño trozo de madera o piedra y atarle una cadena o un cordel. Alternativamente, si quiere colgarla en la pared, puede utilizar un trozo de lienzo o papel y crear una hermosa obra de arte. Elija lo que elija, asegúrese de que sea práctico y fácil de llevar o exponer.

Consagrar su runa ligada

Antes de lanzarse al proceso de consagrar su runa ligada, necesita aprender más sobre la energía elemental y su significado. Según las creencias ancestrales, los elementos de Tierra, Aire, Fuego y Agua son los bloques de construcción del universo, y cada uno de estos elementos es portador de una energía única que puede aprovecharse con fines mágicos.

Existen varios métodos de activación a la hora de consagrar su runa ligada. Una forma es grabar o dibujar su runa ligada en un material asociado a un elemento. Por ejemplo, si quiere infundir a su runa ligada la energía del Fuego, puede grabarla en un trozo de madera y luego quemarla en una hoguera para liberar la energía.

Otra forma es crear un ritual con símbolos y herramientas elementales. Puede utilizar velas, incienso y cristales para representar los distintos elementos y crear un espacio sagrado para su ritual. Por ejemplo, puede encender una vela verde para la Tierra, una amarilla para el Aire, una roja para el Fuego y una azul para el Agua para simbolizar los cuatro elementos y sus energías.

También puede cargar su runa ligada con energía elemental a través de la visualización y la meditación. Esto implica visualizar la energía del elemento que desea infundir en su runa ligada y meditar sobre ella. Por ejemplo, supongamos que quiere cargar su runa ligada con la energía del agua. En ese caso, puede visualizarse de pie bajo una cascada, sintiendo cómo el agua fresca le baña y llena su runa ligada con su energía.

Consagrar su runa ligada es una parte esencial del ritual en el paganismo nórdico. Se cree que el acto de consagración imbuye a su runa ligada de poder divino y la convierte en un objeto sagrado. Al hacerlo, está invitando a las deidades a bendecir y dar poder a su runa ligada, aumentando la eficacia de su hechizo.

Ponga su runa ligada a trabajar

Ahora que ha creado y consagrado su runa ligada, es el momento de ponerla a trabajar. Dependiendo de su intención y creatividad, hay numerosas formas de utilizar su runa ligada. Puede llevarla como joya, llevarla en el bolsillo o colgarla en su espacio de trabajo. Puede incorporarla a su meditación diaria o colocarla en su altar. Las posibilidades son infinitas, y la clave está en encontrar lo que mejor funcione para usted y su propósito. Utilizar su runa ligada de forma constante invita a su energía y poder a su vida, creando una potente herramienta para la manifestación y la transformación. He aquí algunas ideas que puede considerar:

- Pruebe a crear un collar o una pulsera con su runa ligada y llévela como talismán para llevar su energía consigo a lo largo del día.
- Dibuje o pinte su runa ligada en un lienzo o trozo de madera y cuélguela en su casa o lugar de trabajo como recordatorio constante de su intención.
- Puede tallar su runa ligada en una vela y encenderla siempre que necesite un impulso de energía o un recordatorio de su intención.
- Medite sobre su runa ligada, visualizando su energía fluyendo por su cuerpo y dando vida a su intención.
- Si tiene un altar o un espacio sagrado, puede colocar su runa ligada en él como punto focal de su intención.
- Incorpore su runa ligada a otros conjuros, utilizando su energía para mejorar sus hechizos.
- Si lleva un diario o grimorio, puede incluir su runa ligada en él como registro de su intención y recordatorio de su magia.
- Cree una pequeña bolsa llena de hierbas, cristales y otros artículos que correspondan a su intención, e incluya en ella su runa ligada para añadir energía.
- Utilice su runa ligada como símbolo en las lecturas del tarot o en otras prácticas adivinatorias, obteniendo así información sobre su intención y su manifestación.

Las runas ligadas y los sigilos son herramientas poderosas en el paganismo nórdico. Le proporcionan una forma de enfocar y manifestar sus intenciones. Al trabajar con runas ligadas, la clave está en seleccionar las runas adecuadas, diseñar un símbolo único y consagrarlo adecuadamente, para crear un talismán poderoso que refleje sus deseos más profundos. Aunque este capítulo proporciona una base sólida para crear sus propias runas ligadas y sigilos, siempre hay algo más que aprender y explorar. No tema experimentar con distintos materiales, símbolos y técnicas para encontrar lo que mejor le funcione. Recuerde que el verdadero poder de las runas de encuadernación procede de su interior.

Capítulo 10: Stadhagaldr: Yoga rúnico

Las runas ocupan un lugar sagrado en el paganismo nórdico, ya que no sólo representan un sistema de adivinación, sino también poderosos símbolos de los dioses y el cosmos. La tradición nórdica de las runas está profundamente conectada con las fuerzas primigenias de la naturaleza, los misterios de la vida y el reino espiritual. Con el tiempo, las runas han evolucionado desde su uso original como alfabeto hasta convertirse en una potente herramienta para la transformación personal y el crecimiento espiritual. Una forma de aprovechar el poder transformador de las runas es a través de la práctica del yoga rúnico. El yoga rúnico, o Stadhagaldr, es una fusión de yoga y simbolismo rúnico que le permite profundizar en su conexión con lo divino y liberar todo su potencial.

Consiste en utilizar posturas físicas que encarnan la energía y el significado de cada una de las veinticuatro runas del Futhark Antiguo. Cada postura representa una runa específica y, a medida que se desplaza por las posturas, conecta con las energías de las runas, creando una poderosa transformación en su interior. Esta práctica se ha utilizado durante siglos como herramienta para el crecimiento espiritual. Este capítulo explorará el concepto del yoga rúnico, sus orígenes y cómo puede utilizarse para profundizar su conexión con lo divino y desbloquear todo su potencial. Conocerá los numerosos beneficios de esta práctica, las diferentes posturas rúnicas y cómo practicarla.

El nacimiento de Stadhagaldr

Los orígenes de Stadhagaldr se remontan a la década de 1930, una época en la que el interés por los antiguos signos rúnicos estaba en su apogeo. Lingüistas, místicos y practicantes trataban de encontrar aplicaciones prácticas para los antiguos símbolos. Dos científicos alemanes, Friedrich Bernhard Marby y Siegfried Adolf Kummer, creían que las runas eran instrucciones para una gimnasia meditativa, similar al hatha yoga.

La teoría de Marby y Kummer tenía incluso una base científica, fundamentada en hallazgos arqueológicos reales, como las antiguas figuras mágicas alemanas de *alrauns*, que se fabricaban como amuletos, y las imágenes escultóricas de los famosos cuernos dorados encontrados en el sur de Jutlandia. Estas imágenes representan a personas en posturas que imitan determinadas runas, y fueron los cuernos dorados de Gallehus los que inspiraron el desarrollo del yoga rúnico.

Marby creía que con la ayuda de la "gimnasia rúnica" o la "danza rúnica" se podía acceder a zonas inaccesibles a la percepción de una persona corriente, entrar en contacto con fuerzas superiores e influir en los procesos cósmicos. Kummer creía que la magia rúnica permitía controlar los flujos de energía del espacio adoptando la postura rúnica correcta y ajustando la percepción con la ayuda de sonidos especiales.

El nombre *Stadhagaldr* procede de las palabras en nórdico antiguo "*stadha*", que significa estar de pie, y "*galdr*", que significa cantar o encantar. Aunque el uso de ciertas posturas, gestos y el canto de runas no fueron inventados por Marby o Kummer, redescubrieron la tradición olvidada de la magia nórdica.

La combinación única de prácticas físicas y espirituales del Stadhagaldr lo convierte en una poderosa herramienta de crecimiento y transformación personal. Es una parte significativa de la herencia pagana nórdica, que refleja la profunda conexión entre el pueblo nórdico y el mundo natural. Hoy en día, el Stadhagaldr sigue siendo una parte importante de la comunidad pagana moderna, ofreciendo a los practicantes una forma de conectar con lo divino y explorar el poder de las runas.

Beneficios del yoga rúnico

La práctica del Stadhagaldr está profundamente arraigada en el paganismo nórdico y refleja la profunda conexión entre el antiguo pueblo nórdico y el mundo natural. Uno de los beneficios más significativos del yoga rúnico es su capacidad para ayudar a los practicantes a aprovechar el poder transformador de las runas. En el paganismo nórdico, las runas se consideran símbolos sagrados que representan las fuerzas primigenias de la naturaleza, los misterios de la vida y el reino espiritual. A través de la práctica del yoga rúnico, las personas pueden profundizar su conexión con estos poderosos símbolos, desbloquear todo su potencial y acceder al conocimiento oculto.

Otro beneficio del yoga rúnico es su capacidad para promover la salud física y el bienestar. Las posturas tradicionales de yoga son bien conocidas por su capacidad para aumentar la flexibilidad, desarrollar la fuerza y mejorar la forma física en general. Cuando se combinan con el poder transformador de las runas, estos beneficios físicos pueden potenciarse aún más, promoviendo un sentido más profundo de conexión entre el cuerpo, la mente y el espíritu.

Además de sus beneficios físicos, el yoga rúnico es también una poderosa herramienta para el bienestar mental y emocional. La respiración profunda y la meditación que implica pueden calmar la mente y promover la relajación. Esto puede ser especialmente útil para las personas que sufren estrés, ansiedad o depresión, ya que proporciona una forma de conectar con lo divino y encontrar la paz y el equilibrio en medio del caos de la vida cotidiana.

Para aquellos interesados en explorar su espiritualidad, el yoga rúnico puede ser una forma excelente de conectar con lo divino y explorar los misterios del universo. En el paganismo nórdico, el mundo natural se considera sagrado, y las runas se ven como una forma de conectar con las fuerzas espirituales que gobiernan el cosmos. A través del yoga rúnico, los individuos pueden conectar con estas fuerzas, obteniendo una comprensión más profunda del universo y de su lugar en él.

Otro de los beneficios únicos del yoga rúnico es su capacidad para conectar a las personas con su herencia ancestral. Esta práctica está profundamente arraigada en el paganismo nórdico y refleja la sabiduría y los conocimientos ancestrales del pueblo nórdico. Para los individuos que tienen una conexión con su herencia nórdica, el Yoga Rúnico puede ser una forma excelente de explorar sus raíces culturales y conectar con sus antepasados.

Diferentes posturas rúnicas

Las posturas rúnicas son posiciones físicas que corresponden a los diversos símbolos rúnicos y se cree que representan las fuerzas primigenias de la naturaleza, los misterios de la vida y el reino espiritual. Cada postura está diseñada para activar energías específicas y promover la transformación personal. Existe una gran variedad de posturas rúnicas, cada una con sus beneficios y simbolismo únicos. Algunas posturas están diseñadas para promover la fuerza y la estabilidad, mientras que otras pretenden cultivar el equilibrio mental y emocional. A continuación, encontrará algunas de las posturas rúnicas más comunes que se practican en el Stadhagaldr.

1. Fehu - Ganado o riqueza

La postura Fehu es una poderosa postura rúnica que representa el ganado o la riqueza y se asocia con la abundancia y la prosperidad. Esta postura puede realizarse combinando varias asanas de yoga tradicionales, entre ellas Tadasana (Postura de la montaña) y Utkatasana (Postura de la silla). Para realizar la postura Fehu, siga estos pasos:

- Póngase recto con los pies separados a la anchura de las caderas, con los dedos hacia delante.
- Apoye los pies firmemente en el suelo y active los músculos centrales.
- Levante los brazos por encima de la cabeza, con las palmas de las manos enfrentadas.
- Entrelace los dedos y estire los brazos hacia el cielo.
- Inhale profundamente y, al exhalar, doble las rodillas y póngase en cuclillas.
- Mantenga los brazos estirados por encima de la cabeza y continúe entrelazando los dedos.
- Mantenga la postura durante unas cuantas respiraciones, centrándose en enraizarse y conectar con la tierra.
- En la siguiente inspiración, levántese de la sentadilla, estirando las piernas y levantando los talones del suelo.

- Mantenga la posición durante unas cuantas respiraciones.
- Baje los talones de nuevo al suelo en la siguiente exhalación, soltando las manos a los lados.

La postura Fehu combina el enraizamiento y la estabilidad de la Tadasana con el movimiento hacia delante de la Utkatasana para crear una postura que promueve tanto la fuerza como la abundancia. Al ponerse en cuclillas y elevarse sobre las puntas de los pies, la postura Fehu activa la energía de la abundancia y la prosperidad, ayudando a manifestar el bienestar material y físico.

La postura Fehu comparte algunas similitudes con la práctica tradicional china del Qigong. Ambas prácticas combinan movimientos físicos y trabajo respiratorio para promover el bienestar físico y material, y ambas se basan en la sabiduría ancestral de sus respectivas culturas.

2. Uruz - Los uros o la fuerza

La postura del Uruz es una potente postura rúnica utilizada en el yoga rúnico, que simboliza la fuerza primigenia del buey salvaje y se asocia con la vitalidad, el coraje y la pasión. La postura requiere combinar asanas de yoga tradicionales, incluyendo Virabhadrasana I (Guerrero I) y Utkatasana (Postura de la silla). He aquí cómo realizar la postura del Uruz:

- Póngase recto con los pies separados a la anchura de las caderas, con los dedos hacia delante.
- Mueva el pie derecho un paso hacia atrás en posición de estocada, doblando la rodilla izquierda en un ángulo de 90 grados mientras mantiene la pierna derecha estirada.
- Levante los brazos por encima de la cabeza con las palmas enfrentadas.
- Inhale profundamente y exhale mientras se hunde más en la estocada, bajando las caderas hacia el suelo.
- Mientras mantiene los brazos estirados por encima de la cabeza, levántelos a través de las puntas de los dedos y concéntrese en la sensación de fuerza y potencia.
- Mantenga la posición durante unas cuantas respiraciones.
- Inhale y levántese de la estocada, estirando ambas piernas y bajando los brazos a los lados.

- Repita la postura en el lado opuesto moviendo el pie izquierdo un paso hacia atrás en posición de estocada y levantando los brazos por encima de la cabeza.

Al combinar las asanas tradicionales de yoga del Guerrero y la Postura de la Silla, la postura del Uruz crea una experiencia poderosa y enraizada que le permite conectar con la fuerza primigenia del buey salvaje. Esta postura comparte similitudes con otras prácticas de yoga que se centran en la fuerza y la estabilidad, como la serie del guerrero en Vinyasa yoga. Sin embargo, la incorporación del simbolismo rúnico en la postura del Uruz añade una capa adicional de significado e intención a la práctica, permitiendo una exploración más profunda de los aspectos espirituales y energéticos de la postura.

3. Thurisaz - Espina o protección

La postura Thurisaz es una potente postura rúnica utilizada en el yoga rúnico, que representa el poder de la espina o el martillo del dios del trueno Thor. Se asocia con la protección, el valor y la capacidad de superar obstáculos. Para realizar la postura Thurisaz, se requiere una combinación de asanas de yoga tradicionales, incluyendo Virabhadrasana II (Guerrero II) y Utthita Trikonasana (Postura del triángulo extendido). Siga estos pasos:

- Comience en posición de pie con los pies separados a la anchura de las caderas y los brazos a los lados.
- Mueva el pie izquierdo tres o cuatro pies hacia atrás, con los dedos del pie izquierdo girados hacia fuera en un ángulo de 45 grados.
- Alinee el talón derecho con el arco central del pie izquierdo.
- Inhale profundamente y luego exhale mientras dobla la rodilla derecha, manteniéndola directamente por encima del tobillo.
- Al exhalar, gire el torso hacia la derecha, extendiendo los brazos rectos desde los hombros, con las palmas hacia abajo.
- Active los músculos centrales y centre la mirada en la mano derecha, imaginándose que empuña el poder del martillo de Thor.
- Inhale profundamente y, al exhalar, extienda la mano derecha hacia delante, más allá de la rodilla derecha y en dirección al suelo.

- Extienda el brazo izquierdo hacia el techo, manteniendo ambos brazos en línea con los hombros.
- Mantenga la postura durante varias respiraciones, centrándose en la energía de la protección, el valor y la superación de obstáculos.
- Inhale y enderece la rodilla derecha, luego suelte los brazos y adelante el pie izquierdo para volver a la posición de pie.
- Repita la postura en el lado opuesto llevando el pie derecho hacia atrás y girando el torso hacia la izquierda.

La postura Thurisaz del yoga rúnico comparte similitudes con la tradicional Guerrero II y la Postura del triángulo extendido del hatha yoga. Sin embargo, la incorporación del simbolismo rúnico y la intencionalidad añade una capa más profunda de significado y propósito a la práctica, permitiendo una experiencia más holística y transformadora.

4. Ansuz - Odín o Sabiduría

La postura Ansuz del yoga rúnico representa la comunicación divina y la claridad de pensamiento. Combina asanas de yoga tradicionales como Tadasana (Postura de la montaña) y Ardha Uttanasana (Media flexión hacia delante) con simbolismo rúnico para fomentar la introspección y una comunicación poderosa. He aquí los pasos para realizar la postura del Ansuz:

- Póngase de pie con los pies separados a la anchura de las caderas y los brazos a los lados.
- Inspire profundamente y exhale mientras levanta los brazos por encima de la cabeza, entrelazando los dedos y apuntando los dedos índices hacia el cielo.
- Vuelva a inhalar profundamente y exhale mientras se inclina hacia la derecha, manteniendo los brazos rectos y las manos entrelazadas.
- Mantenga la postura durante unas cuantas respiraciones, imaginando el aliento de la vida fluyendo a través de usted y llenándole de inspiración y claridad de pensamiento.
- Inhale profundamente y vuelva al centro, luego exhale y repita la postura, esta vez inclinándose hacia la izquierda.
- Suelte las manos y llévelas de nuevo a los costados.

- Inhale profundamente y luego exhale mientras se lanza hacia delante por las caderas, manteniendo la espalda plana y la mirada al frente.
- Al exhalar, imagínese hablando con confianza y poder, permitiendo que la energía de la runa Ansuz fluya a través de usted.
- Mantenga la postura durante varias respiraciones, luego inhale profundamente y vuelva a la posición de pie.
- Repita la postura unas cuantas veces más, centrándose en la intención de claridad de pensamiento, inspiración y comunicación poderosa.

La postura del Ansuz en el yoga rúnico es similar a las asanas tradicionales del yoga como la postura de la montaña y la media flexión hacia delante, que proporcionan una base de apoyo a la vez que fomentan la introspección y la comunicación. Sin embargo, la adición del simbolismo rúnico y el establecimiento de intenciones aporta un aspecto espiritual más profundo a la práctica. Al incorporar la energía de la runa Ansuz, los practicantes pueden conectar con lo divino y aprovechar su propio poder de expresión y comunicación.

5. Raidho - Rueda o viaje

La postura del Raidho en el yoga rúnico es dinámica y enérgica, y representa el viaje de la vida. Se cree que aumenta la fuerza física y mental y promueve el equilibrio y la armonía tanto en el cuerpo como en la mente. Esta postura es especialmente útil para quienes desean emprender un nuevo viaje o realizar cambios significativos en su vida. Para practicar esta postura, siga estos pasos:

- Comience de pie con los pies separados a la altura de los hombros y los brazos levantados por encima de la cabeza.
- Junte las manos con fuerza con los dedos índices apuntando hacia arriba.
- Respire hondo y centre su intención en su viaje, visualizando el camino que tiene por delante.
- Exhale y comience a girar el torso hacia la derecha, manteniendo los brazos y las manos levantados.
- Pivote el pie izquierdo en el suelo para girar todo el cuerpo.

- Mantenga esta posición durante unas cuantas respiraciones, luego inhale y vuelva al centro.
- Repita el movimiento de giro hacia el lado izquierdo, pivotando esta vez sobre el pie derecho.
- Concéntrese en su respiración y permita que la energía de la runa Raidho le guíe.

La postura del Raidho tiene similitudes con varias asanas tradicionales del yoga, entre ellas la Postura de la Silla Retorcida y la Postura del Guerrero II. Al igual que estas posturas, la postura del Raidho promueve la fuerza, la estabilidad y el equilibrio del cuerpo. Sin embargo, añadir el simbolismo rúnico y el establecimiento de intenciones aporta un aspecto único a la práctica.

6. Kenaz - Antorcha o iluminación

Kenaz, la runa de la antorcha o la iluminación, se asocia con el conocimiento, la creatividad y la transformación. La postura rúnica asociada a Kenaz incorpora varias asanas de yoga que estimulan el sistema nervioso y mejoran la concentración mental. Esta postura se utiliza a menudo para acceder a estados más profundos de creatividad e inspiración, lo que la convierte en una valiosa herramienta para artistas y escritores. Para realizar la postura del Kenaz, siga estos pasos:

- Comience de pie con los pies separados a la altura de los hombros y los brazos a los lados.
- Respire hondo y levante los brazos por encima de la cabeza, juntando las palmas en posición de oración.
- Inhale y levante los talones del suelo, equilibrándose sobre las puntas de los pies.
- Exhale y baje los talones, llevando las palmas de las manos al corazón.
- Al inhalar, extienda los brazos hacia delante, manteniendo las palmas de las manos juntas y la mirada fija en las puntas de los dedos.
- Exhale y baje lentamente los brazos hacia el corazón.
- Repita los pasos 5 y 6 varias veces, dejando que el movimiento fluya con su respiración.

- Mientras continúa moviéndose, visualice la antorcha de Kenaz iluminando su chispa creativa interior y guiándole hacia una mayor inspiración y comprensión.

La postura del Kenaz comparte algunas similitudes con prácticas tradicionales de yoga como la Postura del Árbol (Vrikshasana) y el Guerrero I (Virabhadrasana I), ya que requiere equilibrio y concentración. Sin embargo, su combinación única de movimientos y su enfoque en la iluminación la distinguen como una poderosa herramienta para acceder a la creatividad y la perspicacia.

El yoga rúnico es una práctica única y poderosa que combina posturas físicas, técnicas de respiración y simbolismo rúnico para el crecimiento personal y la transformación espiritual. Está profundamente arraigado en el paganismo nórdico, reflejando la conexión entre la naturaleza y el pueblo nórdico. A través del yoga rúnico, puede acceder a la sabiduría y la fuerza de sus antepasados, desbloqueando nuevos niveles de autoconciencia y perspicacia. La práctica ofrece un camino hacia una mayor comprensión de uno mismo y del mundo, desbloqueando todo su potencial. El poder del yoga rúnico debe ser honrado y abrazado por sus efectos transformadores en la vida de las personas. Es una potente herramienta que conecta a los individuos con el poder divino interior y ofrece una vía hacia una sanación más profunda y una inspiración creativa.

Glosario de términos

Ásatrú - Un renacimiento moderno del paganismo nórdico que se centra en el culto a los æsir, el panteón de dioses y diosas de la mitología nórdica. Los seguidores del Ásatrú buscan conectar con el mundo natural y los espíritus de sus antepasados a través de rituales, meditación y devoción personal. Ha ganado popularidad en las últimas décadas como una forma de conectar con sus raíces ancestrales para las personas de herencia nórdica o aquellas atraídas por la mitología y la cultura de los vikingos.

Asgard - El reino de los dioses æsir, asociado con la guerra, la fuerza y la sabiduría.

El culto a los antepasados consiste en honrar y comunicarse con los antepasados fallecidos en las religiones paganas. Implica mostrar respeto y gratitud hacia los antepasados haciendo ofrendas, realizando rituales y buscando su guía y sabiduría.

Alfheim - El reino de los elfos de la luz, asociado con la fertilidad, el crecimiento y la prosperidad.

Blót - Sacrificio ritual u ofrenda que se realiza típicamente para honrar a los dioses y diosas en el paganismo nórdico. El ritual suele implicar el sacrificio de un animal, que luego se cocina y se come como parte de un festín comunal. Otras ofrendas, como hidromiel, cerveza, pan o fruta, también pueden entregarse a los dioses durante la ceremonia.

Eddas - La fuente principal de la mitología nórdica y las creencias paganas, compuesta por la Edda Poética y la Edda en Prosa. La Edda

Poética es una colección de poemas en nórdico antiguo que ofrece una visión de los dioses, héroes y mitos de la cultura nórdica, mientras que la Edda en Prosa, escrita por Snorri Sturluson en el siglo XIII, es una guía de mitología nórdica y técnicas poéticas.

Einherjar - Los guerreros elegidos por Odín para luchar a su lado en el Valhalla. Según la mitología nórdica, los einherjar eran elegidos entre los que morían valientemente en la batalla y eran llevados al Valhalla por las valquirias.

Forn Siðr - También conocido como Antiguo Camino o Antigua Tradición Nórdica, hace referencia a las prácticas religiosas tradicionales del antiguo pueblo nórdico antes de la introducción del cristianismo. Implica la veneración de deidades como Odín, Thor y Freyja y el uso de runas, magia y sacrificios rituales. El Forn Siðr sigue siendo practicado hoy en día por los paganos modernos que tratan de revivir y reconstruir las tradiciones de sus antepasados.

Futhark - Alfabeto rúnico utilizado en el paganismo nórdico, compuesto por 24 letras divididas en tres grupos de ocho. Las runas se utilizaban para escribir inscripciones en diversos objetos, como armas, amuletos y piedras rúnicas, y también se empleaban con fines adivinatorios y mágicos.

Gyðja - Sacerdotisa femenina en el paganismo nórdico que también dirige rituales y proporciona guía espiritual. Las gyðjas eran muy respetadas y estimadas por sus conocimientos, sabiduría y conexión con lo divino. A menudo servían como sanadoras, videntes e intermediarias entre los dioses y los mortales.

Hávamál - Colección de poemas en nórdico antiguo que contienen sabiduría y consejos atribuidos al dios Odín, utilizados a menudo como guía para el comportamiento ético en el paganismo nórdico. Consta de 164 estrofas, cada una de las cuales proporciona una visión sobre diversos aspectos de la vida, como la hospitalidad, la amistad, el amor y el honor. El Hávamál también incluye amuletos mágicos y hechizos a los que se atribuían poderes protectores.

Helheim - El reino de los muertos, gobernado por la diosa Hel y asociado con la muerte y la decadencia.

Jötun - Un gigante de la mitología nórdica, a veces venerado en el paganismo nórdico como una fuerza poderosa e impredecible de la naturaleza.

Jotunheim - El reino de los gigantes, asociado con el caos, la imprevisibilidad y el poder bruto.

Jörmundgandr - También conocida como la serpiente de Midgard. En la mitología nórdica, Jörmundgander es una gigantesca serpiente marina, uno de los tres hijos del dios Loki y la giganta Angrboða. Según la leyenda, Jörmundgandr creció tanto que podía rodear la tierra y sostenerse sobre su propia cola. Jörmundgandr era un archienemigo del dios Thor, y se decía que sus batallas eran acontecimientos cataclísmicos que sacudían la tierra y los mares. En la mitología nórdica, se dice que durante el Ragnarök, la batalla final, Jörmundgander y Thor se enfrentarían en un épico enfrentamiento que acabaría con la muerte de ambos.

Landvættir - Espíritus de la naturaleza o guardianes de la tierra en el paganismo nórdico, a menudo asociados con características naturales específicas como montañas, ríos o bosques. A menudo se les representa como seres de aspecto animal o figuras antropomórficas y tradicionalmente se les honraba con ofrendas y rituales para garantizar el bienestar de la tierra y sus habitantes.

Midgard - El reino de los humanos, también conocido como Tierra, donde ocurren la mayoría de los mitos y leyendas.

Mjölnir - El martillo de Thor, un símbolo comúnmente utilizado en el paganismo nórdico para representar la fuerza, la protección y el poder de los dioses.

Níðstang - Un poste inscrito con maldiciones o insultos, utilizado en el paganismo nórdico como forma de avergonzar o deshonrar a un enemigo o rival. La creencia era que la maldición traería la vergüenza y el deshonor a la persona objeto de la maldición, haciéndole perder su posición social y el respeto dentro de su comunidad.

Niflheim - El reino del hielo y la niebla, asociado con la oscuridad y la frialdad.

Nueve reinos - Los reinos de la cosmología nórdica, incluidos Asgard y Helheim, están habitados por diversos dioses, gigantes y otros seres sobrenaturales.

Muspelheim - El reino del fuego y el calor, asociado con la destrucción y la creación.

Juramento - Compromiso solemne realizado a menudo en el paganismo nórdico, en el que un individuo jura defender ciertos valores o cumplir con determinadas obligaciones.

Ragnarök - Una serie de acontecimientos catastróficos que conducirán finalmente al fin del mundo. Según la mitología nórdica, el Ragnarök comenzará con un largo y crudo invierno conocido como "Fimbulwinter", durante el cual el mundo se verá asolado por catástrofes naturales y guerras.

Finalmente, tendrá lugar la batalla final entre los dioses y los gigantes, conocida como la Batalla del Ragnarök. En esta batalla, muchos dioses y monstruos importantes morirán, y el mundo tal y como lo conocemos será destruido. El dios Odín será asesinado por el lobo gigante Fenrir, y Thor morirá tras matar a la serpiente de Midgard.

Tras la batalla, nacerá un nuevo mundo y los pocos dioses y humanos supervivientes empezarán de nuevo. Este nuevo mundo estará habitado por una nueva generación de dioses y humanos que vivirán en paz y armonía. En la mitología nórdica, el Ragnarök advierte sobre la impermanencia del mundo y la inevitabilidad del cambio y la renovación.

Runas - Símbolos utilizados en la adivinación y la magia en el paganismo nórdico, se cree que poseen poder espiritual y místico.

Seidr - Una forma de magia nórdica asociada a menudo con las mujeres, que implicaba el uso del trance, el ritual y la adivinación para comunicarse con los espíritus y afectar al mundo natural. La práctica de la Seiðr era vista con recelo por algunos miembros de la sociedad nórdica, ya que se asociaba con el uso de la manipulación y el engaño para alcanzar los propios objetivos.

Svartalfheim - El reino de los elfos oscuros y los enanos, asociado con la artesanía y los tesoros ocultos.

El Alto - Un apodo para Odín, uno de los dioses principales del paganismo nórdico, asociado con la sabiduría, el conocimiento y la búsqueda del poder.

Thurseblot - Celebración del solsticio de invierno en el paganismo nórdico que implica el sacrificio de animales y la realización de ofrendas a los gigantes y otras fuerzas de la oscuridad. Esta fiesta implica el sacrificio de animales y la ofrenda de hidromiel u otras bebidas a los Jötnar.

Týr - Un dios asociado con la guerra y la justicia en el paganismo nórdico, a menudo representado como un guerrero con una sola mano que sacrificó su mano para atar al lobo gigante Fenrir.

Valhalla - Un gran salón en Asgard donde son llevados los guerreros caídos en la mitología nórdica y el paganismo, presidido por Odín y sus valquirias.

Vanaheim - El reino de los dioses Vanir, asociado con la fertilidad, la prosperidad y la magia.

Vanir - Grupo de dioses asociados con la fertilidad y la prosperidad en el paganismo nórdico, a menudo representados como poseedores de estrechas conexiones con el mundo natural.

Ve - El hermano de Odín y Vili, que ayudó a crear el mundo en la mitología nórdica y el paganismo y puede estar asociado con los poderes de la creación y la sabiduría.

Völva - Mujer vidente o profetisa en el paganismo nórdico, a menudo asociada con la práctica del Seiðr.

Yggdrasil - El árbol del mundo en la mitología nórdica y el paganismo, se cree que conecta los diferentes reinos de la existencia y sostiene el orden natural.

Yule - Celebración del solsticio de invierno en el paganismo nórdico que implica festejos, regalos y la quema de un tronco de Yule.

Conclusión

A medida que se acerque al final de este libro, intente reflexionar sobre la rica herencia cultural de los pueblos nórdicos y su profunda reverencia por el mundo natural. Esta antigua tradición, impregnada de mitología y simbolismo, ofrece una gran riqueza de sabiduría e inspiración para quienes buscan conectar con sus raíces ancestrales y encontrar un sentido g a sus vidas. Me viene a la mente una cita del célebre escritor y mitólogo Joseph Campbell: "*Los mitos son sueños públicos, los sueños son mitos privados*". En muchos sentidos, el paganismo nórdico es un reflejo de esta idea. Los mitos y las historias de los dioses y diosas nórdicos no son sólo cuentos antiguos, sino sueños públicos transmitidos de generación en generación, que han dado forma a las creencias y prácticas de innumerables individuos a lo largo del tiempo. Pero, al mismo tiempo, la práctica del paganismo nórdico es también una experiencia profundamente personal y privada, ya que cada individuo busca conectar con los dioses y diosas a su manera y encontrar sentido y guía en su propia vida.

Una de las enseñanzas clave del paganismo nórdico es la importancia del equilibrio y la armonía en todas las cosas. Esto se refleja en cómo los dioses y diosas nórdicos encarnan la luz y la oscuridad, el orden y el caos, y los ciclos de nacimiento, crecimiento, decadencia y renacimiento inherentes al mundo natural. Al reflexionar sobre estas enseñanzas, encontrará inspiración para llevar el equilibrio y la armonía a su propia vida. Ya sea a través de la meditación y la atención plena, cultivando relaciones y hábitos saludables, o persiguiendo la expresión creativa y el crecimiento personal, hay muchas formas de alinearse con los ritmos naturales del mundo que le rodea.

Al mismo tiempo, el paganismo nórdico hace hincapié en la interconexión de todas las cosas. Desde la intrincada red de relaciones entre los dioses y las diosas hasta las profundas conexiones entre los humanos y el mundo natural, las personas forman parte de un todo mayor. En este espíritu de interconexión, debe tratar de cultivar la compasión, la empatía y el sentido de la responsabilidad por el mundo que le rodea. Ya sea a través del activismo medioambiental, el servicio a la comunidad o simplemente siendo amable con los que le rodean, puede influir positivamente en el mundo y contribuir al bienestar de sus semejantes.

El estudio del paganismo nórdico ofrece una visión fascinante de la rica herencia cultural de los pueblos nórdicos y de su profunda reverencia por el mundo natural. Esta antigua tradición le proporciona una gran riqueza de sabiduría. Que la sabiduría y las enseñanzas del paganismo nórdico le guíen en su viaje de autodescubrimiento y conexión con el mundo natural. Que encuentre el equilibrio y la armonía en todos los aspectos de su vida y cultive un sentido de interconexión y compasión que se extienda más allá de usted mismo ¡al mundo que le rodea!

Vea más libros escritos por Mari Silva

Su regalo gratuito

¡Gracias por descargar este libro! Si desea aprender más acerca de varios temas de espiritualidad, entonces únase a la comunidad de Mari Silva y obtenga el MP3 de meditación guiada para despertar su tercer ojo. Este MP3 de meditación guiada está diseñado para abrir y fortalecer el tercer ojo para que pueda experimentar un estado superior de conciencia.

https://livetolearn.lpages.co/mari-silva-third-eye-meditation-mp3-spanish/

¡O escanee el código QR!

Referencias

6 types of spirit guides & how to communicate with them. (2015, January 23). Mindbodygreen. https://www.mindbodygreen.com/articles/types-of-spirit-guides

Aburrow, Y. (n.d.). utiseta -. Dowsing for Divinity. https://dowsingfordivinity.com/tag/utiseta/

Aletheia. (2016, March 10). Scrying: How to practice the ancient art of second sight (with pictures). LonerWolf. https://lonerwolf.com/scrying/

Aletheia. (2018, February 5). 7 types of spirit guides (& how to connect with them). LonerWolf. https://lonerwolf.com/spirit-guides/

Ancient Roots, Historical Challenges. (n.d.). Pluralism.Org. https://pluralism.org/ancient-roots-historical-challenges

Anne C. Sørensen, R. M. J. H. (n.d.). Runes. Vikingeskibsmuseet i Roskilde. https://www.vikingeskibsmuseet.dk/en/professions/education/viking-age-people/runes

Ásatrú Definitions for Journalists. (n.d.). Norsemyth.org. https://www.norsemyth.org/2013/09/asatru-definition-for-journalists.html

Asatru Holidays. (n.d.). Thetroth.org. https://thetroth.org/resources/norse-pagan-holidays

Athar, K., Fey, T., Mabanta, D., Brian, P., Jackson, L., Damian, D. D., Scheucher, A., Paler, J., & Brown, J. (2020, August 21). What is shamanic breathwork and how is it used? Ideapod. https://ideapod.com/shamanic-breathwork/

Brethauer, A. (2021, September 10). Bind runes discover their simple and powerful Norse magic. The Peculiar Brunette; Amanda Brethauer. https://www.thepeculiarbrunette.com/bind-runes/

Byatt, A. S. (2011). Ragnarok: The end of the gods. Canongate Books. https://norse-mythology.org/tales/ragnarok/

Campbell, H. (2020, February 15). What is asatru? VikingStyle. https://viking-styles.com/blogs/history/what-is-asatru

Chambers, J. (2019, December 7). Ásatrú - Iceland's fastest growing non-Christian religion. All Things Iceland. https://allthingsiceland.com/asatru-icelands-fastest-growing-non-christian-religion/

Chris. (2022, July 2). A Complete Guide to Norse Gods & Goddesses. Panorama. https://panoramaglasslodge.com/a-complete-guide-to-norse-gods-goddesses/

Christianity.com Editorial Staff. (2019, September 23). Who Are Pagans? The History and Beliefs of Paganism. Christianity.Com. https://www.christianity.com/wiki/cults-and-other-religions/pagans-history-and-beliefs-of-paganism.html

Dan. (2012, November 15). Seidr. Norse Mythology for Smart People. https://norse-mythology.org/concepts/seidr/

Death & the afterlife. (2021, October 25). Skald's Keep. https://skaldskeep.com/norse/norse-afterlife/

Death and the Afterlife. (2012, November 15). Norse Mythology for Smart People. https://norse-mythology.org/concepts/death-and-the-afterlife/

Death and the Afterlife. (2012, November 15). Norse Mythology for Smart People. https://norse-mythology.org/concepts/death-and-the-afterlife/

Eliade, M., & Diószegi, V. (2022). shamanism. In Encyclopedia Britannica.

Estrada, J. (2020, March 11). How to use oracle cards, the simpler-to-read cousin of tarot that helps you tap into your intuition. Well+Good. https://www.wellandgood.com/how-to-use-oracle-cards/

Fields, K. (2021, December 29). Norse Magic: Seidr, Shapeshifting, Runes, & More. Otherworldly Oracle. https://otherworldlyoracle.com/norse-magic/

Folkvang. (2016, July 6). Norse Mythology for Smart People. https://norse-mythology.org/folkvang/

Glossary of Frequently Recurring Terms and names. (2012, March 1). Romantic-circles.org. https://romantic-circles.org/editions/norse/HTML/Glossary.html

Greenberg, M. (2020, November 16). Seidr magic in viking culture. MythologySource; Mike Greenberg, PhD. https://mythologysource.com/seidr-magic-viking-culture/

Gregg. (2010, May 23). How To Take a Shamanic Journey. Warrior Mind Coach. https://www.warriormindcoach.com/how-to-take-a-shamanic-journey/

Groeneveld, E. (2017). Norse mythology. World History Encyclopedia. https://www.worldhistory.org/Norse_Mythology/

Hel (goddess). (2012, November 15). Norse Mythology for Smart People. https://norse-mythology.org/gods-and-creatures/giants/hel/

Hel (The Underworld). (2012, November 15). Norse Mythology for Smart People. https://norse-mythology.org/cosmology/the-nine-worlds/helheim/

Helms, M. F. (2012). Valhalla. Createspace Independent Publishing Platform.

History of modern Paganism. (n.d.). https://www.bbc.co.uk/religion/religions/paganism/history/modern_1.shtml

How to consecrate runes. (2012, October 22). Allegheny Candles' Blog. https://alleghenycandles.wordpress.com/2012/10/22/how-to-consecrate-runes/

Jessica, S. (2019, June 3). Norse mythology afterlife. Norse and Viking Mythology; vkngjewelry. https://blog.vkngjewelry.com/en/norse-afterlife/

Lachlan, M. D. (2011). Fenrir. Prometheus Books.

Mrs, B. (2020, August 13). Intro to bindrunes. LunaOwl. https://luna-owl.com/2020/08/13/intro-to-bindrunes/

Nikel, D. (2019, August 21). Viking Religion: From the Norse Gods to Christianity. Life in Norway. https://www.lifeinnorway.net/viking-religion/

Nine Realms. (n.d.). Mythopedia. https://mythopedia.com/topics/nine-realms

Nomads, T. (2019, December 1). How to Make Your Own Rune Set. Time Nomads | Your Pagan Store Online. https://www.timenomads.com/how-to-make-your-own-rune-set/

Nomads, T. (2020, October 8). Rune Magic 101: What are and How to Make Bind Runes. Time Nomads | Your Pagan Store Online. https://www.timenomads.com/rune-magic-101-what-are-and-how-to-make-norse-bind-runes/

Nordic Wiccan. (n.d.). Blogspot.com. http://nordicwiccan.blogspot.com/p/httpnordicwiccanblogspotcom201404glossa.html

Nordic Wiccan. (n.d.-a). Blogspot.com. http://nordicwiccan.blogspot.com/2014/06/rune-yoga.html

Nordic Wiccan. (n.d.-b). Blogspot.com. http://nordicwiccan.blogspot.com/2013/07/runic-yoga.html

Norse pagan definitions. (2020, May 15). Skald's Keep. https://skaldskeep.com/terms-defined/

Northern Tradition Paganism: What is Rökkatru? (n.d.). Northernpaganism.Org. https://www.northernpaganism.org/rokkatru/what-is-rokkatru.html

Northern Tradition Shamanism: Utiseta, Breath, and Mound-Sitting. (n.d.). Northernshamanism.Org. http://www.northernshamanism.org/utiseta-breath-and-mound-sitting.html

Oddities, O. (2019, April 24). How to make a bindrune. Oreamnos Oddities. https://oreamnosoddities.com/blogs/news/how-to-make-a-bindrune

Oertel, K. (Ed.). (2015). Ásatrú: Die Rückkehr der Götter (3rd ed.). Edition Roter Drache.

Pagan beliefs. (n.d.). https://www.bbc.co.uk/religion/religions/paganism/beliefs/beliefs.shtml

Pat. (2020, December 8). The viking self and its parts. Maier Files Series. https://www.maier-files.com/the-viking-self-and-its-parts/

Pat. (2020, December 8). The viking self and its parts. Maier Files Series. https://www.maier-files.com/the-viking-self-and-its-parts/

Rode, B. (2021, April 13). Meet your spirit guide. Phoebe Garnsworthy. https://www.phoebegarnsworthy.com/meet-your-spirit-guide/

Runer og magi. (n.d.). Avaldsnes. https://avaldsnes.info/en/viking/lorem-ipsum/

Runes. (2012, November 14). Norse Mythology for Smart People. https://norse-mythology.org/runes/

Runes. (2021, October 26). Skald's Keep. https://skaldskeep.com/norse/runes/

Runic Philosophy and Magic. (2013, June 29). Norse Mythology for Smart People. https://norse-mythology.org/runes/runic-philosophy-and-magic/

SACRED CALENDER of ASATRU. (n.d.). Odinsvolk.Ca. http://odinsvolk.ca/O.V.A.%20-%20SACRED%20CALENDER.htm

Sam, T. +., & Wander, T. (2020, November 25). Rune Meanings And How To Use Rune Stones For Divination —. Two Wander x Elysium Rituals. https://www.twowander.com/blog/rune-meanings-how-to-use-runestones-for-divination

Sarenth, /. (2011, February 1). Stadhagaldr and breathing the Runes. Sarenth Odinsson. https://sarenth.wordpress.com/2011/02/01/stadhagaldr-and-breathing-the-runes/

Sebastiani, A. (2020). Paganism for beginners: The complete guide to nature-based spirituality for every new seeker. Rockridge Press.

Seidr Cleansing Ritual. (n.d.). Heathen Designs. https://www.heathenbydesign.com/seidr-cleansing-ritual

Shamanism. (2012, November 15). Norse Mythology for Smart People. https://norse-mythology.org/concepts/shamanism/

Shelley, A. (2023, January 9). Futhark Runes: Symbols, Meanings and How to Use Them. Andrea Shelley Designs. https://andreashelley.com/blog/futhark-runes-symbols-and-meanings/

shirleytwofeathers. (n.d.). Runic postures. Shirleytwofeathers.com. https://shirleytwofeathers.com/The_Blog/magickal-ingredients/runic-postures/

Sister, W. (2016, July 19). How to work with your spirit animal: A total guide. The Numinous. https://www.the-numinous.com/2016/07/19/work-with-your-spirit-animal/

Skjalden. (2018, March 11). Völva the viking witch or seeress. Nordic Culture. https://skjalden.com/volva-the-viking-witch-or-seeress/

Stàdhagaldr. (n.d.). Blogspot.com. http://galdrtanz-runedance.blogspot.com/2013/03/stadhagaldr.html

Strmiska, M. (2000). Ásatrú in Iceland: The rebirth of Nordic Paganism? Nova Religio The Journal of Alternative and Emergent Religions, 4(1), 106–132. https://doi.org/10.1525/nr.2000.4.1.106

Tetrault, S., & BA. (2020, March 29). What's the Norse, or Viking, afterlife supposed to be like? Joincake.com. https://www.joincake.com/blog/norse-afterlife/

The Meanings of the Runes. (2013, June 29). Norse Mythology for Smart People. https://norse-mythology.org/runes/the-meanings-of-the-runes/

The multi-part soul. (2021, October 27). Skald's Keep. https://skaldskeep.com/norse/soul/

The old Nordic religion today. (n.d.). National Museum of Denmark. https://en.natmus.dk/historical-knowledge/denmark/prehistoric-period-until-1050-ad/the-viking-age/religion-magic-death-and-rituals/the-old-nordic-religion-today/

The Origins of the Runes. (2013, June 29). Norse Mythology for Smart People. https://norse-mythology.org/runes/the-origins-of-the-runes/

The Self and Its Parts. (2012, November 15). Norse Mythology for Smart People. https://norse-mythology.org/concepts/the-parts-of-the-self/

The Self and Its Parts. (2012, November 15). Norse Mythology for Smart People. https://norse-mythology.org/concepts/the-parts-of-the-self/

Time Nomads. (2020, October 8). Rune magic 101: What are and how to make bind runes. Time Nomads | Your Pagan Store Online; Time Nomads. https://www.timenomads.com/rune-magic-101-what-are-and-how-to-make-norse-bind-runes/

Unrau, B. (2008). Scrying. CaltexPress.

Útiseta: The Norse Shaman's Wilderness Quest. (n.d.). Shanegadd.Com. https://www.shanegadd.com/post/útiseta-the-norse-shaman-s-wilderness-quest

Valhalla. (n.d.). Mythopedia. https://mythopedia.com/topics/valhalla

Vanatru. (n.d.). WikiPagan. https://pagan.fandom.com/wiki/Vanatru

What Do Pagans Do? (n.d.). Pluralism.Org. https://pluralism.org/what-do-pagans-do

What is deep meditation? Techniques & experiences. (2017, August 28). Mindworks Meditation. https://mindworks.org/blog/what-is-deep-meditation/

What were the similarities and differences between Anglo Saxon Paganism and Norse Paganism? (n.d.). Quora. https://www.quora.com/What-were-the-similarities-and-differences-between-Anglo-Saxon-Paganism-and-Norse-Paganism

White, E. D. (2023). Paganism. In Encyclopedia Britannica.

Who were the Viking Gods? (n.d.). Twinkl. https://www.twinkl.co.uk/teaching-wiki/viking-gods

Wigington, P. (2007, June 28). Asatru - Norse heathens of modern Paganism. Learn Religions. https://www.learnreligions.com/asatru-modern-paganism-2562545

Wigington, P. (2012, June 5). The Nine Noble Virtues of Asatru. Learn Religions. https://www.learnreligions.com/noble-virtues-of-asatru-2561539

Yggdrasil. (n.d.). Mythopedia. https://mythopedia.com/topics/yggdrasil

Yugay, I. (2018, January 15). Deep meditation – connection with your soul. Mindvalley Blog. https://blog.mindvalley.com/deep-meditation/

Yule. (n.d.). Thetroth.org. https://thetroth.org/resources/holidays/yule

Fuentes de imágenes

[1] https://unsplash.com/photos/-G3rw6Y02D0?utm_source=unsplash&utm_medium=referral&utm_content=creditShareLink

[2] https://commons.wikimedia.org/wiki/File:Odin_(Manual_de_Mitologia).jpg

[3] Et2brute, CC0, vía Wikimedia Commons: https://commons.wikimedia.org/wiki/File:Nine_Realms.svg

[4] Fotografía de Jónína K. Berg, CC BY-SA 3.0 <https://creativecommons.org/licenses/by-sa/3.0>, vía Wikimedia Commons: https://commons.wikimedia.org/wiki/File:Sveinbj%C3%B6rn_Beinteinsson_1991.jpg

[5] https://commons.wikimedia.org/wiki/File:Oluf_Olufsen_Bagge_-_Yggdrasil,_The_Mundane_Tree_1847_-_full_page.jpg

[6] https://commons.wikimedia.org/wiki/File:Walhall_by_Emil_Doepler.jpg

[7] https://unsplash.com/photos/ie8WW5KUx3o?utm_source=unsplash&utm_medium=referral&utm_content=creditShareLink

[8] https://unsplash.com/photos/ZOxkaXFvw6A?utm_source=unsplash&utm_medium=referral&utm_content=creditShareLink

[9] https://www.pexels.com/photo/white-and-brown-ceramic-bowl-1793035/

[10] https://www.pexels.com/photo/silhouette-of-person-raising-its-hand-268134/

[11] Pious Shy Boi, CC0, vía Wikimedia Commons: https://commons.wikimedia.org/wiki/File:Runic_Square_Font.png

[12] https://commons.wikimedia.org/wiki/File:Ing_bindrune.png

www.ingramcontent.com/pod-product-compliance
Lightning Source LLC
Chambersburg PA
CBHW051848160426
43209CB00006B/1215